Kleine Geschichte
der Stuttgarter Stiftskirche

Kleine Geschichte

der Stuttgarter Stiftskirche

2., völlig neu überarbeitete
und ergänzte Auflage

Oliver Auge

DRW Verlag

Erschienen in der gemeinsamen Reihe des DRW-Verlags und des G. Braun Buchverlags:
»Regionalgeschichte – fundiert und kompakt«

DRW-Verlag
Leinfelden-Echterdingen
www.drw-verlag.de

Einbandabbildung: Die Stiftskirche in Stuttgart von Südosten aus gesehen mit dem Schillerplatz rechts, Radierung um 1820

Lektorat: Isabella Eder
Satz: post scriptum, www.post-scriptum.biz
Druck: Offizin Chr. Scheufele, Stuttgart

ISBN 978-3-87181-765-6

Inhaltsverzeichnis

Sönke Lorenz zum 65. Geburtstag

Vorwort

»Kleine Geschichte der Stuttgarter Stiftskirche« - mit diesem Titel ist schon gesagt, um was es sich bei diesem Buch handelt und um was nicht. Es hat die »Geschichte« einer Kirche zum Inhalt. Damit ist ihm eine andere Funktion zugewiesen als einem reinen Kirchenführer oder einer bloßen Baugeschichte, wie es sie für viele Kirchen allgemein und für die Stuttgarter Stiftskirche im Speziellen zahlreich gibt. Denn die Geschichte einer Kirche ist weit mehr als die Geschichte ihres Bauwerks und ihrer Ausstattung. Eine »Geschichte« fragt auch nach der Stellung der Kirche in ihrem Umfeld. Sie bemüht sich, kirchliche - d. h. kirchengeschichtliche und spirituell-sakrale Geschichte, politische, wirtschaftliche sowie kulturelle Aspekte, aus denen sich gemeinsam die historische Realität der Kirche als Institution und Gebäude zusammensetzte, zu beleuchten, um so eine möglichst authentische Annäherung an die Vergangenheit zu erreichen. Und eine »ehrliche« Geschichte geht darauf ein, dass es sich in der Tat nur um eine »Annäherung« handelt: Sie reflektiert, woher wir überhaupt unser Wissen über die Kirche haben, warum wir so manches wissen und so vieles nicht, und sie benennt die Konsequenz dessen: nämlich dass sich die Geschichte der Kirche nie zur Gänze wird rekonstruieren lassen, dass vielmehr so manche Aussage - bis man einen neuen Hinweis erhält oder aber für immer - mit einem Fragezeichen versehen werden muss.

Der Zusatz »klein« wiederum bringt zum Ausdruck, dass hier keine umfassende Darstellung der Geschichte der Heilig-Kreuz-Kirche beabsichtigt ist. Vielmehr sollen auf knappem Raum die wichtigsten Etappen ihres Werdegangs skizziert, erläutert und illustriert werden. Außerdem ist im Titel zudem von einem besonderen Objekt, um das es im Folgenden gehen soll, die Rede: die Stuttgarter Stiftskirche. Das ist nicht irgendeine Kirche in Württemberg. Es handelt sich vielmehr um Stuttgarts bis 1806 einzige Pfarrkirche, die in der Vergangenheit als Hauptkirche des ganzen Landes Württemberg fungierte und für die Protestanten auch heute noch einen solchen Stellenwert besitzt. Kaum ein anderes Gebäude prägt bis heute so markant die Silhouette der Stuttgarter Innenstadt wie sie. Sie nimmt in unmittelbarer Nachbarschaft zum Alten Schloss eine ganz zentrale Position im Kern des alten Stuttgart ein und ist aus dem Gebäudeensemble rund um den berühmten Stuttgarter Schillerplatz nicht weg zu denken: Sie ist damit Teil einer der harmonischsten Platzanlagen der deutschen Renaissance, der für so manchen gar einer der schönsten Plätze Deutschlands ist.

Ihre Geschichte beschäftigt mich intensiv nun schon seit mehr als zehn Jahre meines Lebens. 1998 nahm ich die Arbeit an meiner Dissertation auf, die das Leben und Wirken der Chorherren des Stuttgarter Heilig-Kreuz-Stifts von 1250 bis 1552 zum Inhalt und Thema hatte. Sie wurde 2001 von der Philosophischen Fakultät der Universität Tübingen als Doktorarbeit angenommen und im Jahr darauf in der Reihe der »Schriften zur südwestdeutschen Landeskunde« veröffentlicht. Danach verschlug mich mein akademischer Werdegang weit weg vom heimischen Württemberg an den Ostseestrand nach Greifswald, dann über Göttingen weiter nach Kiel. Ganz andere Themen beschäftigten mich natürlich von nun an; doch blieb ich dem alten gleichfalls treu. Dazu trug nicht zuletzt meine fortbestehende Einbindung in das Tübinger Stiftskirchenprojekt bei, das vor seinem glücklichen Abschluss steht.

Als »Kleine Geschichte der Stuttgarter Stiftskirche« erschien bereits 2001 ein Vorgängerbuch, in dem die Ergebnisse meiner Doktorarbeit mit einer allgemeinen Darstellung der langen Geschichte der Kirche von den Anfängen bis zur Gegenwart zu einem für ein breiteres Leserpublikum gedachten Führer »durch die Geschichte des Stuttgarter Wahrzeichens« zusammenflossen. Damals war die Renovierung der Stiftskirche noch voll im Gange, und die zahlreichen Bodenfunde, die bei der Renovierung zu Tage kamen, harrten ihrer Auswertung. Der sich durch die Renovierung ergebende neue Raumeindruck war nur mittels einer Computersimulation zu erahnen, nicht aber *in situ* zu betrachten. Letztlich war zum damaligen Zeitpunkt gar nicht absehbar, wie lange sich noch die Arbeiten an dem Bauwerk hinziehen würden. Dieses Buch nun stellt eine vollständig überarbeitete, aktualisierte und um wichtige Informationen ergänzte Fassung der Publikation von 2001 dar. Ich danke dem DRW-Verlag, namentlich der Lektorin der »Kleinen Geschichten« Frau Isabella Eder, für die kompetente Unterstützung und überhaupt für die Initiative bei der Realisierung dieser weitgehend veränderten Neuauflage. Meinem Mitarbeiter Jakob Kleine danke ich für die gründliche Durchsicht des Manuskripts.

Am 30. Juni 2009 feierte mein Tübinger Doktorvater Sönke Lorenz seinen 65. Geburtstag. Er hat seinerzeit den Grundstein für mein reges Interesse an der Geschichte der Stiftskirchen im Allgemeinen und an der Stuttgarter Stiftskirche im Besonderen gelegt und er hat es über lange Zeit hinweg mit Nachdruck gefördert. Nicht von ungefähr also kommt es, wenn ihm diese neue »Kleine Geschichte der Stuttgarter Stiftskirche« gewidmet ist.

Oliver Auge Kiel, im August 2009

Blick vom Turm des im Zweiten Weltkrieg zerstörten neogotischen Rathauses über die Stiftskirche und das Alte und das Neue Schloss in Richtung Königstraße und des heutigen, zwischen 1915 und 1927 von Paul Bonatz erbauten Bahnhofs, aufgenommen etwa 1905

Stift und Stiftskirche – eine untrennbare Einheit

Was heißt eigentlich »Stiftskirche«? Diese heute noch für das Bauwerk gebräuchliche Benennung, die bei so vielen Kirchen im Land wie etwa in Faurndau, in Urach oder in Tübingen begegnet, entstammt dem Mittelalter und erinnert an die kirchliche Institution, die sich einst an und in dieser Kirche befand: ein Stift. Ein Stift - diese Bezeichnung leitet sich vom Verb »stiften« her und verweist auf den Stiftungshintergrund der Einrichtung - war ein Kollegium (daher lateinisch *ecclesia collegiata*) bzw. Kapitel von Weltgeistlichen, Kanonikern genannt. Das Kapitel hatte in der Regel gemeinschaftlich über alle das Stift betreffende Rechts- und Verwaltungsfragen zu beschließen, war alleinberechtigt zur Errichtung und Interpretation von Statuten und besaß - zumindest der Theorie nach - das Recht zur Selbstergänzung und Bestellung der Kapitelsämter. Daher wird im Stiftskapitel eine korporative Einrichtung des Mittelalters par excellence gesehen. Bei den Ämtern handelte es sich im Allgemeinen um den Propst als Kapitelsvorsteher, der für gewöhnlich allein repräsentative Funktionen ausübte und den Vorrang bei Abstimmungen und Prozessionen sowie Investiturrechte für sich beanspruchte, den Dekan, dem die innerstiftische Leitung, die Wahrung des Chordienstes samt Disziplinargewalt anvertraut war, den Kustos, der auf den Kirchenunterhalt, die Beleuchtung, Paramente und den gesamten Kirchenschatz zu achten hatte, den Keller - er sorgte für die Verwaltung der Stiftsgüter und die Verteilung ihrer Erträge –, den Kantor, dem die Pflege des Chorgesangs und die Gesangsausbildung oblag, und zu guter Letzt den Scholaster, der schulische Aufgaben wahrzunehmen hatte.

Seit dem 6. Jahrhundert kommen Kanoniker in den Quellen vor. Ihre Hauptaufgabe war die gemeinschaftliche Feier des liturgischen Gottesdienstes an einer Kirche bzw. in ihrem Chor. Deswegen werden sie auch Chorherren genannt. Um 755 grenzte sie Bischof Chrodegang von Metz für sein Bistum durch eine spezielle Kanonikerregel vom Mönchtum benediktinischer Prägung ab, worin ihm dann die Aachener Synode von 816 für das gesamte Frankenreich folgte.

Chrodegang von Metz und die Kanonikerregel

Chrodegang von Metz, um 700 geboren, kam in jungen Jahren zu Karl Martell an den fränkischen Königshof und wurde von dessen Nachfolger Pippin vermutlich 742 zum Bischof von Metz bestellt. Als Papst Stephan II. vor den Langobarden in das Frankenland floh, vermittelte Chrodegang ein Bündnis zwischen Papst und Frankenkönigen. Der Papst ernannte ihn nach der Ermordung von Bonifatius zu seinem Nachfolger als Erzbischof über die Länder deutscher Sprache. Chrodegang gründete die Klöster Metz (Gorze), Gengenbach und Lorsch. Er reformierte weitere Klöster und führte die römische Liturgie ein. Für die Kleriker und Priesterschüler an seiner Kathedrale in Metz entwarf Chrodegang eine Regel nach der Klosterregel Benedikts. Die Priester wohnten gemeinsam und hielten gemeinsam Tagzeitengebete, Schriftlesungen und Messen. Diese Gemeinschaft, Kanonikat genannt, bewährte sich, so dass sie die berühmte Aachener Synode von 816 für alle Kleriker vorschrieb. Chrodegang selbst starb 766 in Metz und wurde im Kloster Gorze beigesetzt.

Die Regel zielte in Nachahmung der apostolischen Lebensform auf ein Gemeinschaftsleben des Klerus mit gemeinsamem Schlaf- und Speisesaal, das auf den liturgischen Tages- und Jahresablauf ausgerichtet war. Dabei wurde kein asketisches Armutsideal gleich dem der Mönchsgemeinschaften erstrebt – ganz im Gegenteil: Privateigentum war den Klerikern ausdrücklich gestattet –, sondern die Absicherung der Durchführung eines geregelten Chordienstes war das oberste Ziel.

Ab dem 10. Jahrhundert kam es wohl aus Gründen einer besseren Effektivität und Praktikabilität zu einer Aufteilung des wohl ursprünglich gemeinschaftlich verwalteten Stiftsguts in Einzelpfründen. Die Pfründen bildeten seither die wirtschaftliche Grundlage des Kanonikats. Ihr Ertrag setzte sich zusammen aus den Einkünften an Korn und Wein, die aus den Gütern erwirtschaftet wurden, welche zur jeweiligen Pfründe gehörten. Zur Pfründe rechnete man weiterhin einen Chorherrenhof samt Zubehör. Die Aufteilung des Gemeinschaftsbesitzes hatte nämlich auch eine Auflösung des Gemeinschaftslebens zur Folge. Unsicher ist sich die Forschung, wie lange ein derartiges Einzelpfründensystem, das den Klerikern die Fähigkeit einer sorgfältigen und umsichtigen Eigenwirtschaft bzw. einer guten Haushaltsführung abverlangte – sie waren damit von vornherein weit mehr als nur für die Seelsorge verantwortliche Geistliche –, tatsächlich von wirtschaftlichem Belang war. In Stuttgart z. B. wurden die Chorherren seit dem 14. Jahrhundert schon wieder aus einem Gesamtvermögen mit einem in seiner Höhe je nach Position festgesetzten Lohn besoldet. Hatten negative Erfahrungen, die man zuvor mit Einzelpfründen und ihrer Eigenverwaltung gemacht hatte, zu einer neuerlichen Zentralisierung des Stiftsvermögens geführt? Wir wissen es nicht. Doch es steht zu vermuten.

Hatte man ein Mindestalter von in der Regel 18 Jahren, den Mindestweihegrad eines Subdiakons, keine körperlichen Gebrechen und eine ehrliche, eheliche Abkunft, konnte man – bei entsprechendem Bildungsgrad und gehörigen Beziehungen – in ein Kapitel aufgenommen werden und damit auch in den Besitz einer Pfründe gelangen. Ausnahmen von den strikten Zugangsbestimmungen, die man per päpstlichen Dispens erwerben konnte, kamen aber immer wieder vor. Die Pfründe stellte in einer Zeit, in der das Geldwesen noch kaum entwickelt war, eine vielfach verwendbare Größe dar, umso mehr als das Kanonikat nicht an die Seelsorge gebunden war. Große und kleine Herren bemühten sich daher, in den Besitz von Kastvogtei und Patronat über Stifte zu gelangen, was ihnen einen Einfluss auf die Kapitelwahl verschaffte. Bei Stiften ging dies umso leichter vonstatten, als hinter ihnen, anders als bei den Klöstern, kein schützender Ordensverband stand, sondern das Stift im Prinzip auf sich allein gestellt war. Ihren Einfluss nutzten die Herren dann, um Verwandte, Getreue, Umworbene mit einer Pfründe des Stifts auszustatten. Diese residierten vielfach nicht mehr vor Ort. Überhaupt wurde die Anwesenheit der Kleriker im Spätmittelalter im Zuge der Pfründenanhäufung, die damals gang und gäbe war, teilweise stark vernachlässigt, was wiederum die Hauptaufgabe des Stifts, die gemeinschaftliche Feier des Chordienstes, mehr und mehr in Frage stellte. Man führte daher bestimmte Geldzuweisungen ein, die an die Präsenz der Chorherren vor Ort gebunden waren. Gleichzeitig entwickelte sich das Institut der Kaplanei immer mehr zum eigentlichen Träger der liturgischen Aufgaben.

Man hat Stifte als eine ganz besondere Begegnungsstätte von Kirche und Welt bezeichnet. Damit spielt man auf die Lage von Stiften an, die sich bevorzugt »in der Welt«, in Pfalzen, auf Burgen, in Städten befanden und nicht »abseits« wie so viele Klöster. Man will damit aber auch auf die kurz angesprochene Einflussnahme weltlicher Herren und die Folgen des Pfründenwesens hinweisen. Herrscher versorgten über Stiftspfründen ihre Kanzleiangehörigen, unterhielten auf diese Weise Diplomaten, Juristen, Höflinge, finanzierten so Professorengehälter. Die Kirche wurde mit ihrem Besitz und ihrem Personal ein ganz wesentlicher Faktor bei der Entstehung von moderner Verwaltung, Gesandtschaftswesen, Residenzkultur und Universitäten. Die über Pfründen versorgten Kleriker waren für all diese Verwendungen weitgehend abkömmlich. Umgekehrt bot sich ihnen die Möglichkeit einer Klerikerkarriere im Schatten weltlicher Herrschaftsgefüge. Mit dem Schlagwort der »besonderen Begegnungsstätte« will man zudem die Konsequenz dieser im Stift besonders tiefen, wechselseitigen Durchdringung von Weltlichem und Geistlichem aufzeigen: die bemerkenswerte und das gesamte Mittelalter kennzeichnende Dauerhaftigkeit des Stiftswesens im Gegensatz zu den monastischen Bewegungen, die stets nur kurzen Epochen ihren Stempel aufzuprägen vermochten. Die Forschung verleiht dem Stiftskirchenwesen daher gern die einprägsame Kennzeichnung als ein »Leitfossil« in der Geschichte.

Was hat das alles noch mit »Kirche« zu tun? Nicht von ungefähr brandmarkte man diese Entwicklungen in der Vergangenheit als Entartung. Das bei vielen Klerikern offensichtlich fehlende Interesse am Gottesdienst wertete man als Verfall, ihre Dienste in und für die »Welt« sah man als verfehlte Verweltlichung, ihre Bemühungen, immer weitere Pfründen zu erlangen, verurteilte man als Habgier. Neuere Forschungen zeigen indes, dass man mit solchen Urteilen vorsichtig sein muss, weil sie vielfach an den Gegebenheiten der Vergangenheit vorbeiweisen. Dienst für Herrschaft war nicht einseitig, keine bloße Instrumentalisierung, sondern war auch für Kirche und Klerus von Nutzen. Überhaupt war dieser Dienst nicht so weitreichend, wie manche Historiker glauben machen wollen, sondern entsprach den Erfordernissen eines noch unfertigen Gebildes auf dem Weg zum modernen Staat. Kirchliches und Weltliches gingen stets Hand in Hand: Stifte blieben immer kirchliche Einrichtungen, deren Hauptfunktion im Gottesdienst bestand. Weltliche Herren hatten daran ein eigenes Interesse. Denn die Kleriker beteten für das Gedeihen von Land und Dynastie, stellten als Mittler zwischen Gott und Mensch das künftige Wohlergehen sicher. Die Kleriker waren aus finanziellen Gründen vielfach zur Pfründenhäufung gezwungen. Mehr noch brachte sie das klerikale Selbstverständnis dazu: Die oft teuer bezahlten Rechte, Privilegien und Titel erhöhten den eigenen Status, ihre Vermehrung führte auch einen weiteren Zuwachs an Ansehen herbei. Vor allem aber geben neue Untersuchungen zu bedenken: Das Bild des im Spätmittelalter generell dekadenten, pflichtvergessenen, ungebildeten, unfrommen, ungeistlichen Klerikers ist überzeichnet und gibt im Kern die von eigenen Interessen bestimmte Sicht von Kirchenreformern und insbesondere der (Nach-)Reformation wieder. Schließlich darf man nicht vergessen oder verschweigen, dass die erste Reformatorenriege selbstverständlich aus dem vorreformatorischen Klerus hervorgegangen war. Veränderungen des Stiftsinnenlebens und der Stiftsorganisation erscheinen so nicht als spiritueller Verfall, sondern als zeitgemäße Vorgehensweisen zur Bewahrung des ursprünglichen Sinngehalts der Institution.

Mit der Reformation verschwand jedenfalls in Württemberg die jahrhundertelange Einrichtung der Stifte. An die Stelle der Klerikerkollegien traten protestantische Geistliche; aus dem vormaligen Stiftskirchenbesitz wurde das Armen- und Krankenwesen mitfinanziert. Was freilich vielfach blieb oder in Zeiten historischer Besinnung zurückkehrte, war die Bezeichnung des jeweiligen Kirchenbaus als »Stiftskirche«. So auch im Fall Stuttgarts.

Woher stammt unser Wissen über die Stuttgarter Stiftskirche?

Aus vielen, ganz verschiedenen Quellen lassen sich Informationen zur Geschichte der Stuttgarter Stiftskirche gewinnen. Da ist zunächst einmal die Kirche und ihr Inventar selbst zu nennen. Allerdings wurde ein Großteil des historischen Gebäudes samt seinem Interieur im Zweiten Weltkrieg zerstört. Viele wertvolle

Auch Bilder bieten Informationen: Wohl das erste, noch nicht realistische Bild der Stiftskirche zeigt ein Ausschnitt aus einer frühen Bilderlandkarte des Herzogtums Württemberg; »Abconterfectur Des Löblichen Fürstenthumbas Wirtemberg«, Holzschnitt 1. Hälfte 15. Jahrhunderts, Hans L. Schäufelen zugeschrieben.

Hinweise auf vergangene Zeiten, die vorangegangene politische oder kirchliche Umwälzungen, Renovierungen und Restaurierungen überstanden hatten, gingen damit für immer verloren, sofern sie nicht zuvor schon von kunst- und bauhistorischer Seite aufgenommen und untersucht worden waren. Was sich heute noch an historischem Inventar in der Stiftskirche befindet – zu denken ist vor allem an einige Kapellenschlusssteine, an wenige Grabdenkmäler, an zahlenmäßig überschaubaren sonstigen Skulpturenschmuck –, ist ein beklemmend kleiner Rest vom einst gewiss reichen Zierrat der Kirche.

Anders verhält es sich mit den Befunden, die der Boden unter der Stiftskirche in sich birgt und denen sich die Mittelalterarchäologie zuwendet: Vor allem an Fundamente von Kirchenmauern, Pfeilern und Säulen, aber auch an Kleinfunde (Gräber, Skelette, Schmuck, Münzen) ist dabei zu denken. Die Bombardierungen des Zweiten Weltkriegs haben sie gut überstanden. Doch die zahlreichen Baumaßnahmen vergangener Zeiten haben sie stets in eine mehr oder minder starke Mitleidenschaft gezogen. Eine »lückenlose« Dokumentation der Baugeschichte lassen sie allein auch nicht zu.

Dasselbe gilt für die umfangreichen Schriftquellen – Urkunden, Akten, Lagerbücher, Handschriften, Drucke usw. –, die in den Archiven und Bibliotheken, insbesondere in Stuttgart im Hauptstaatsarchiv, im Landeskirchlichen Archiv sowie im Pfarrarchiv lagern. Freilich sind hier wie anderswo längst nicht alle Schriftstücke, die jemals zur Stiftskirche vorhanden waren, erhalten. Die Zeitläufe ließen vielmehr nur einen Bruchteil des ursprünglichen Quellenmaterials auf uns kommen. Besonders die Reformation, der Dreißigjährige Krieg und wieder der Zweite Weltkrieg wirkten sich negativ bis verheerend auf die Überlieferungssituation aus. Säuberungs- und Ordnungsaktionen vergangener Tage taten ihr Übriges: Noch 1917 wurden die Akten der alten Stiftsprädikatur eingestampft. Aus Geschichte wurde Altpapier.

Innen

1 Altar von Holger Walter, 2001
2 Kanzel des Wiederaufbaus, 1958
Gerichtsengel von Graevenitz, 1958
Grab von Johannes Brenz
3 Chorbogenkruzifix von Scheible, 1943
4 Grafengalerie von Sem Schlör
5 Betender Ritter (Hermann von Sachsenheim)
6 Altar mit Altarkreuz von Ulrich Henn
7 »Goldene Kanzel« (Fragmente)
8 Grabstein des Ludwig Vergenhans
9 Tumba Albrecht von Hohenlohe-Langenburg
10 Tumba Pfalzgräfin Elisabeth
11 Tumba Herzogin Johanna-Elisabeth
12 Doppeltumba Ulrich der Stifter und Agnes von Liegnitz und verschiedene Epitaphe
13 Lettnerfiguren
14 Schlussstein Himmelfahrtsloch mit Engelskonzert
Am Treppenabsatz Schlussstein mit Wappen Vergenhans
15 Emporenreliefs von Hemmeter
16 Jeremia
17 Daniel
18 Schlussstein Sündenfall
19 Schlussstein Maria mit dem Kind
20 Schlussstein Ottilie
21 Apokalyptische Madonna (Grabstein des Chorherrn Heinrich Heller)
22 Schlussstein Katharina
23 Schlussstein Bischof Ulrich von Augsburg
24 Johannes der Täufer
25 Schutzmantelchristus mit Predella
26 Taufstein, 1958
27 Brenz-Epitaph von Sautter
28 Elisabeth von Thüringen
29 Epitaph Melchior von Schauenburg
30 Konsolstein mit Wappen Sachsenheim
31 Grabinschrift des letzten Minnesängers Hermann von Sachsenheim
32 Schlussstein Auferstehung (Fragment)
33 Epitaph Sebastian Faber

Außen

34 Kreuzigungsgruppe, 1320
35 Aposteltor (Figuren Ende 15. Jh.), 1494

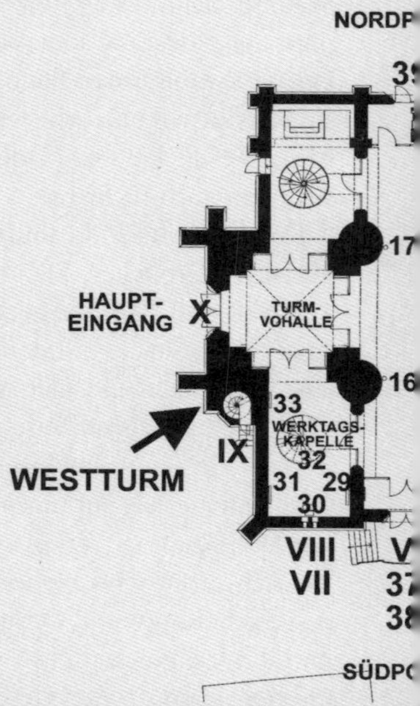

36 Bronzetür J. Weber, 1958
Schlussstein Kreuzauffindung, Ende 15. Jh.
37 Kreuztragung K. Hemmeter, 1956
38 Bronzetür U. Henn, 1958
39 Stillung des Sturms J. Weber, 1957

Fenster

I Offenbarungsfenster von Kohler, 1958
II Passionsfenster von Yelin, 1958
III Offenbarungsfenster von Saile, 1958
IV Auferstehungsfenster von Henninger, 1971
V Glasstelen und Fenster von Bernhard Huber, 2002
VI Fenster der christlichen Hauptfeste von Johannes Schreiter, 2002
VII Vater-unser-Fenster von Stockhausen, 2001
VIII Fenster der Hoffnung von Stockhausen, 2001
IX Stuttgart-Fenster von Stockhausen, 2001
X Osterfenster mit Lamm und Michael, der den Drachen tötet von Stockhausen, 1958
XI Prophetenfenster von Saile, 1958
XII Pfingstfenster von Kohler, 1958
XIII Der Sämann von Kunz-Saile, 1988
XIV Der Gute Hirte von Kunz-Saile, 1988

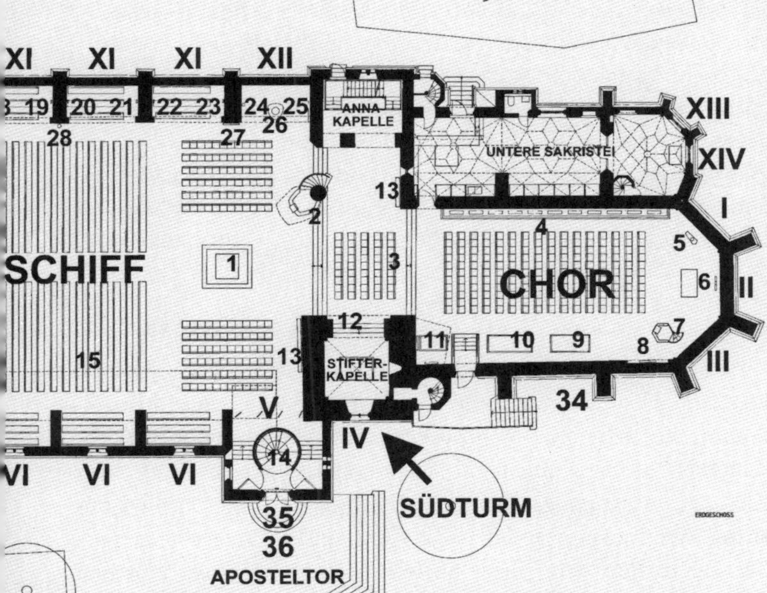

Die Ausstattung der heutigen Stuttgarter Stiftskirche

Stuttgart - eine archäologische Wüste

Stuttgart gilt gemeinhin als »archäologische Wüste«. Das meint, Stuttgart ist ein Bereich, in dem keine größeren archäologischen Befunde mehr zu erwarten sind. Das hängt mit der geradezu unbedenklichen Bautätigkeit im Zentrum der Stadt in der unmittelbaren Nachkriegszeit zusammen: Hausfundamente, Tiefgaragen, Straßenzüge, S-Bahn-Trassen und anderes wurden hier in geschichtlich höchst bedeutsamen Bereichen errichtet, ohne dass eine historisch-archäologische Auswertung des Erdaushubs erfolgte. Sicherlich vorhandene Befunde wurden so für immer beseitigt, ohne sie zu erfassen, auszuwerten und zu deuten. Viele Spuren der Geschichte wurden in Stuttgart für immer verwischt. Ein um so größerer Glücksfall war und ist es daher, dass die Stuttgarter Stiftskirche eine bescheidene, aber wichtige archäologische Reserve bereithielt, die von der Auslöschung des alten Stuttgart im Zweiten Weltkrieg und dem nachfolgenden radikalen Neuaufbau unberührt geblieben war. Diese »Reserve« wurde während der Umbaumaßnahmen von 1999 bis 2003 ergraben, und die bei den Grabungen gemachten Entdeckungen erweitern unsere Kenntnisse über die Anfänge der Kirche und darüber hinaus ganz Stuttgarts in entscheidender Weise.

Neben den Primärquellen, Quellen aus erster Hand also, stehen dem Historiker als weitere Schriftzeugnisse ältere historiographische Arbeiten - Chroniken sowie Beschreibungen/Geschichten zu Haus und Land Württemberg oder zur Stadt Stuttgart - zur Verfügung. Zu nennen ist hier z. B. die Chronik des Stuttgarter Ratsherren Sebastian Küng, insbesondere aber auch die sogenannte ›Stuttgarter Stiftschronik vom Hause Württemberg‹.

Ort der ältesten württembergischen Geschichtsschreibung

Die Historiographie zur Stuttgarter Stiftskirche beginnt bemerkenswerter Weise in und mit ihr selbst. Denn hier wurde wahrscheinlich im dritten Viertel des 15. Jahrhunderts die so genannte »Stuttgarter Stiftschronik vom Hause Württemberg« verfasst. Bei ihr handelt es sich um das älteste deutschsprachige Werk der württembergischen Landesgeschichtsschreibung überhaupt.

Teilweise übermitteln diese »Sekundärquellen« nirgendwo sonst genannte Namen, Daten und Fakten. Wenn hier ausdrücklich von »Namen, Daten und Fakten« die Rede ist, so ist das im vollsten Sinne der Worte gemeint. Denn Hintergründe werden darin zeittypisch kaum geboten, und auch für uns hilfreiche (Problem-)Analysen sind nicht zu erwarten. Doch haben diese Quellen oft noch eine andere Schwäche: Vielfach lassen sich ihre »einmaligen« Angaben nicht mehr verifizieren oder falsifizieren. Mit der Wahrheit, was immer das auch im historischen Kontext zu bedeuten und heißen hat, nahmen es die alten Geschichtsschreiber aber aus den verschiedensten Motiven nicht immer allzu genau.

Zahlreiche und darunter sehr bekannte Vertreter der württembergischen Historiographie beschäftigten sich mit der Geschichte der Stuttgarter Stiftskirche: Oswald und Johann Jakob Gabelkofer, Christian Friedrich Sattler, Karl Pfaff, Adolf Mettler, Gustav Bossert, Wilhelm Friz, Adolf Diehl, Gustav Wais, Reinhold Rau, um nur einige wenige zu nennen. Helmut Schmidt verfasste in den fünfziger Jahren des 20. Jahrhunderts eine juristische Dissertation zur Stiftsverfassung. Eine Dissertation zu allen

Klerikern des Stifts, die sich zwischen 1250 und 1552 ermitteln lassen, wurde 2002 publiziert. Gleichwohl wird der Forschungsstand zur Stiftskirche, zumal zu ihrer vorreformatorischen Geschichte, nach wie vor als unbefriedigend bewertet. Woran liegt das? Forscher machen hierfür weniger ein allgemeines Desinteresse am Thema oder die chronische Personal- und Finanznot der Geschichtsforschung verantwortlich, die eine adäquate Aufarbeitung sämtlicher Aspekte der Vergangenheit einfach unmöglich machen und im Falle der Stiftskirche sicherlich auch ihren Teil zu bestehenden Wissenslücken beitragen, als vielmehr konfessionelle Gegensätze, die die unvoreingenommene Beschäftigung mit einer Stiftskirche bis zum heutigen Tage erschweren.

Das Stuttgarter Heilig-Kreuz-Stift

Beutelsbacher Anfänge

Die Anfänge des Stuttgarter Stifts liegen nicht in Stuttgart selbst, sondern im etwa 15 Kilometer vom heutigen Stadtzentrum entfernten (Weinstadt-) Beutelsbach, als dessen Besitzer im 11. Jahrhundert die Württemberger auftauchen.

Beutelsbach und die Anfänge des Hauses Württemberg

Die Entstehung des Hauses Württemberg ist eng mit dem Namen Beutelsbach verbunden. Aus breitgefächerten Adelssippen bildeten sich im 11. und 12. Jahrhundert engere und festere, voneinander abgegrenzte Adelsfamilien. Dieser Prozess ging mit dem Bau von Höhenburgen einher, welche die Familien anstelle ihrer bisherigen Gutshöfe »auf dem flachen Land« bezogen. Für uns bietet die topographische Zubenennung »von« bzw. lateinisch *de* dann oft den frühesten Hinweis für diesen Vorgang. Tatsächlich taucht ein Conradus de Wirtinisberk um 1100 mehrfach in Urkunden auf. Seine Burg wurde laut einer erhaltenen Weiheinschrift von 1083 schon früher errichtet. Bevor Konrad, der offensichtliche Erbauer der Burg, nach Württemberg benannt wurde, hieß er nach Beutelsbach. Hier war sein Besitz konzentriert. Ehemals hatte dieser Besitz dem Kaisergeschlecht der Salier gehört. Deswegen und weil die Namen der ersten bekannten Württemberger – Konrad, Bruno, Liutgard –

denen der Salier gleichen, vermutet man, dass es sich bei den Württembergern um Verwandte der Salier gehandelt hat.

Ob Beutelsbach seitdem ununterbrochen im württembergischen Besitz verblieb oder zeitweilig an die Staufer (1138-1250/54) fiel, ist ungewiss. In der Endphase der staufischen Herrschaft taucht jedenfalls erstmals eine Kollegiatkirche in Beutelsbach in den Quellen auf. Papst Innozenz IV. erlaubte dem Kapitel des württembergischen Hausstifts im Jahre 1247, auch während eines allgemeinen Interdikts Gottesdienst halten zu dürfen - eine von zahlreichen Vergünstigungen, die die Württemberger durch die Kurie für ihren 1246 erfolgten Wechsel von der staufischen Seite ins gegnerische Lager empfingen.

Seitenwechsel

Die staufische Territorialpolitik in Südwestdeutschland zur Zeit Kaiser Friedrichs II. († 1250) schränkte die Württemberger in ihrer eigenen Machtentfaltung erheblich ein. Das Herrschaftssystem des letzten Stauferkaisers vermochte die Grafen auf Dauer nicht mehr in die staufische Politik einzubinden. Die beiden Vettern Ulrich von Württemberg und Hartmann von Grüningen vollzogen daher die entscheidenden Schritte zur Ablösung der Stauferherrschaft in Schwaben. Sie verbündeten sich mit dem Papst, der Friedrich II. auf dem Konzil von Lyon 1245 für abgesetzt erklärt hatte, und verließen am 5. August 1246 bei Frankfurt vor der Schlacht zwischen Friedrichs Sohn Konrad IV. und dem Gegenkönig Heinrich Raspe das Heer Konrads an der Spitze von rund zwei Dritteln seiner Krieger. Konrad musste abziehen, Heinrichs folgender Hoftag zu Frankfurt sprach Konrad das Herzogtum Schwaben ab.

Damit ist freilich nicht gesagt, dass das Stift erst zu diesem Zeitpunkt entstanden ist. Die gängige Literatur setzt seine Gründung vielmehr vor das Jahr 1100. Die ältere Chronistik indes gibt nahezu einhellig die Auskunft, dass Graf Ulrich I. von Württemberg (1238–1265) die Beutelsbacher Kollegiatkirche gestiftet und darum auch den Beinamen *der Stifter* erhalten habe. Die dafür gebotenen Daten reichen im Regelfall von der schon angesprochenen urkundlichen Ersterwähnung des Stifts im Jahr 1247 bis 1265. Da die Angabe einer Gründung des Stifts nach 1247 im offensichtlichen Widerspruch mit der seinerzeit durchaus bekannten urkundlichen Ersterwähnung steht, gingen kritischere Historiker davon aus, dass Ulrich I. nur eine Neuordnung eines schon bestehenden Stiftes vorgenommen habe. Möglicherweise handelt es sich aber bei den späteren Gründungsdaten um die Tradierung einer irrtümlichen Information, so dass Ulrich I. tatsächlich der Begründer des Stifts gewesen sein kann. Seine Einrichtung wäre dann zwischen 1238 und 1247 erfolgt, womit auch der bescheidene baugeschichtliche Befund korrespondiert. Gute Gründe sprechen sogar dafür, den Zeitraum noch weiter auf die Jahre 1246 und 1247 einzuengen. Stifte dienten allgemein der Herrschaftssicherung und dem Landesausbau. In der Phase des staufischen Niedergangs konnte Ulrich durch ein Stift seine Herrschaft über Beutelsbach sichern. Obendrein signalisierte eine solche sakrale Stiftung, in der die Grablege seines Hauses eine Heimstatt fand, ganz allgemein einen Anspruch auf Herrschaft.

Das Stift sollte als Grablege des Hauses Württemberg dienen und Ulrich und seiner Familie das liturgische Gedächtnis sichern. Darauf verweist insbesondere der 1287 zwischen Ulrichs I. Sohn, Graf Eberhard I., und dem Stiftskapitel in Waiblingen abgeschlossene Vertrag. Er legte für alle Stiftsangehörigen die persönliche Residenz und die Priesterweihe fest – Grundbedingungen für eine Teilnahme am gemeinschaftlichen Gottesdienst.

Desweiteren wurde vereinbart, dass ein neuer Propst nur mit der Zustimmung des Grafen gewählt werde. Im Gegenzug sicherte der Graf dem Stift die hergebrachten Rechte und Freiheiten zu und versprach ihm nach besten Kräften seinen Schutz und Schirm. Wie viele Kleriker damals dem Stiftskapitel angehörten, ist unklar. Das gebotene Zahlenspektrum reicht von vier bis elf Chorherren. An Ämtern innerhalb des Kapitels werden allein der Propst und ein Scholaster genannt. Die Kollegiatkirche verfügte im Übrigen über Pfarrechte und war Mutterkirche von Schnait und Stetten. Unter welchem Patrozinium sie stand, ist strittig. Stimmen verweisen auf den Heiligen Leodegar als Patron der Kirche, doch ist dieser erst ab dem Jahr 1537 sicher belegt. Zeitgenössische Darstellungen auf den Siegeln von Propst und Kapitel des Stifts legen eher den Heiligen Nikolaus als Patron nahe.

Die Verlegung nach Stuttgart

Zwischen 1286 und 1316 geriet das Stift Beutelsbach anscheinend mehrfach in die heftigen Auseinandersetzungen, die sich damals zwischen dem Königtum und Württemberg im mittleren Neckarraum abspielten und die Württemberg in die schwerste Krise seiner politischen Existenz während des Mittelalters führten.

Königtum kontra Württemberg

Unter Rudolf von Habsburg (1273–1291) erstarkte die Macht des Königs, die seit dem Untergang der Staufer darnieder gelegen war. Rudolf von Habsburg versuchte, Reichsrechte und Reichsbesitz, die sich die Großen zwischenzeitlich angeeignet hatten, wieder in seine Verfügungsgewalt zu bringen. Außerdem bemühte er sich, seinen eigenen Familienbesitz auszubauen. Ziel

Rudolfs war zu guter Letzt die Wiedererrichtung des Herzogtums Schwaben. So geriet er geradezu zwangsläufig in einen scharfen Konflikt mit den Württembergern, die ihm militärisch Widerstand leisteten. Eine ähnliche Konfliktsituation herrschte während der Regierungszeit König Heinrichs VII. Heinrich ächtete Graf Eberhard I., weil er sich mit Feinden des Königs verbündet hatte und seine territorialen Interessen rücksichtslos verfocht. Ein vor allem aus Kontingenten der Reichsstädte bestehendes Heer eroberte zwischen 1310 und 1312 fast ganz Württemberg. Nur der Tod des Königs 1313 rettete offenbar Graf Eberhards Herrschaft.

Die von der älteren Historiographie des Öfteren erwähnte und zumeist in die Jahre zwischen 1310 und 1316 angesiedelte Zerstörung des Stifts samt der württembergischen Grablege verweist die jüngere Forschung teilweise in das Reich der Sage. Doch das Schweigen authentischer Quellen spricht nicht unbedingt für die Richtigkeit der Hypothese: Zeitgenossen wie der Esslinger Arzt und Dichter Trutwein können die Zerstörung der Grablege verschwiegen haben, weil sie unter Umständen als moralisch anstößig empfunden wurde. Graf Eberhard aber mag sie in seinen Verlautbarungen unerwähnt gelassen haben, weil sie ihm entweder als ein zu schmachvoller Akt oder als einer folgenden Aussöhnung mit seinen Gegnern wegen ihrer Unerhörtheit im Wege stehend erschien. Der schon erwähnten ›Stuttgarter Stiftschronik‹ wiederum, die explizit von der Verwüstung der Grablege spricht, sollte man trotz ihrer zeitlichen Ferne nicht jegliche Authentizität absprechen. Denn sie entstand im Stift selbst, in dem als unmittelbar betroffene Institution ein derart traumatisches Ereignis so lebendig wie an keinem anderen Ort in der Erinnerung geblieben und tradiert worden sein dürfte.

Fest steht nur, dass diese Konflikte den Gottesdienst in Beutelsbach und damit die Hauptfunktion des Stifts schwer beeinträchtigten und sogar soweit führten, dass die Kleriker den Ort um ihrer eigenen Sicherheit willen verließen und sich an einen geschützteren Platz begaben. Vermutlich handelte es sich dabei um Stuttgart. Die badische Stadtgründung Stuttgart, die durch die Heirat Ulrichs I. mit Mechthild von Baden um 1245 an Württemberg gefallen zu sein scheint, war damals schon die größte und wirtschaftlich bedeutendste Siedlung der Herrschaft Württemberg und befand sich bereits auf dem Weg zur Residenz- und Landeshauptstadt. Hier wurde eine herrschaftliche Stadtburg errichtet, hier konzentrierten sich mehr und mehr die Aufenthalte der Grafen, und bald auch offenbarte sich hier das Zentrum der gräflichen Verwaltung.

Für Stuttgart als Zufluchtstätte der Stiftsherren sprach insbesondere, dass sich in unmittelbarer Nähe zur Stadtburg eine um die Mitte des 13. Jahrhunderts erbaute dreischiffige, spätromanische Basilika befand, deren ungefähre Ausmaße die beim letzten Umbau der Stiftskirche ab 1999 gemachten Ausgrabungen an den Tag brachten. Ihr Mittelschiff war etwa zwei Drittel so lang und ebenso breit wie das der nachfolgenden spätgotischen Kirche (ca. 7 m), die Seitenschiffe maßen davon wohl die Hälfte. An das Langhaus schloss sich östlich ein geräumiger Chor an, dessen Nordwand an der gleichen Stelle wie die heutige verlief und der sicher von einem Südturm flankiert wurde, dessen Position mit der des jetzt vorhandenen identisch war. Die beiden Untergeschosse des heutigen Turms mit ihren Bogenfriesen gehörten bereits zur romanischen Basilika des 13. Jahrhunderts. Gegenüber dem Südturm wurde damals wohl auch ein Nordturm begonnen. Die Basilika, die sicher flach gedeckt war, war im Übrigen nicht der erste Kirchenbau an dieser Stelle. Ihr ging mindestens ein einschiffiges Gotteshaus voraus, dessen Apsis auch ab 1999 im Chorbereich auf der Höhe des Südturms ergraben wurde. In der

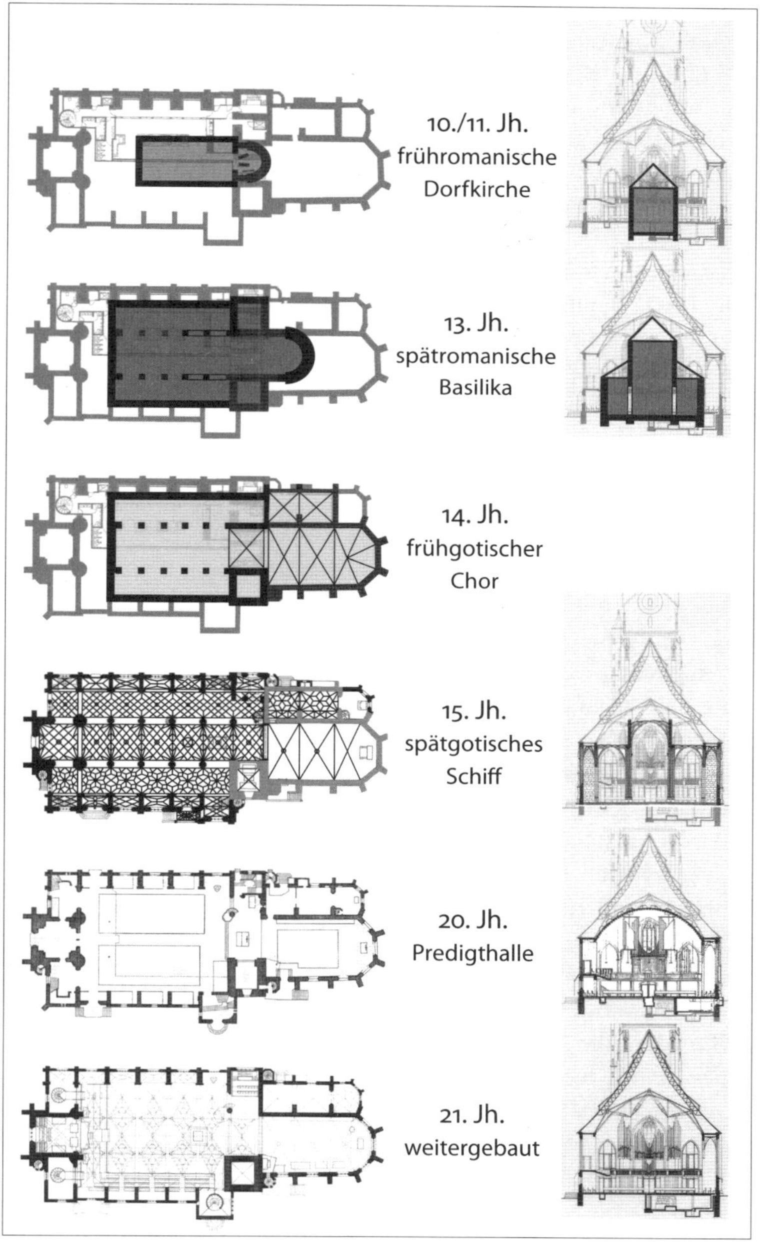

Die verschiedenen Bauphasen der Kirche

Gesamtbreite nahm diese (erste?) Kirche wieder die Ausmaße des späteren gotischen Mittelschiffs ein, in der Länge nur etwa seine Hälfte. Eine genaue Datierung fällt schwer. Auf jeden Fall wird man die Fertigstellung auf das 10. oder 11. Jahrhundert anzusetzen haben. An der rechten Seite der Apsis fand man die Reste zweier alemannischer Gräber, zu datieren auf das 7. oder 8. Jahrhundert. Demnach hätte sich bereits vor der sagenumwobenen Gründung eines Stutengartens durch Herzog Liutolf (10. Jh.) ein Begräbnisplatz an diesem Ort befunden.

Die durch die neuen Entdeckungen nachgewiesene Existenz einer Basilika, von der wir andererseits wissen, dass sie damals allenfalls nur beschränkte Pfarrechte besaß und der Mutterkirche St. Martin auf der Altenburg über Cannstatt unterstand, muss freilich verwundern. Hinter ihrem Bau kann nur der Stadtherr gestanden haben, der vielleicht noch in den badischen Markgrafen zu sehen ist. Was beabsichtigten sie damit? Wie andere Funde der Mittelalterarchäologie im nahe gelegenen Alten Schloss zeigen, bauten die Markgrafen Stuttgart zu einer Siedlung mit städtischem Charakter aus. Der repräsentative Kirchenbau sollte dazu offenbar einen Beitrag leisten. Die Siedlung sollte eine zentrale städtische Kirche erhalten. Planten sie aber auch noch mehr, etwa die Gründung eines herrschaftsnahen Stifts? Der an die Basilika anschließende und in seiner Größe überraschende Chor deutet darauf hin. Er hätte einer kleinen Klerikergemeinschaft hinreichend Raum geboten. Stuttgarts Übergang an Württemberg bereitete dem möglichen Vorhaben dann aber ein Ende, freilich nur ein vorläufiges. Denn ein halbes Jahrhundert später wurde es unter württembergischer Regie tatsächlich realisiert: Nachdem die Chorherren vielleicht schon nach Stuttgart geflohen waren, betrieb Graf Eberhard I. nämlich auch offiziell die Verlegung des Stifts von Beutelsbach samt der Grablege der Dynastie an die Stuttgarter Kirche. Die gräflichen Grabdenkmale fanden von nun bis ins 15. Jahrhundert hinein im Chor der Kirche

Doppeltumba Ulrichs I. und seiner zweiten Gemahlin Anna von Liegnitz in der Stifterkapelle. Beide starben 1265, Anna wohl schon im 21. Lebensjahr nach der Geburt ihres Sohnes Eberhard des Erlauchten. – Das wohl ursprünglich farbig gefasste Hochgrab, das über ihren 1320 nach Stuttgart überführten Gebeinen errichtet wurde, zeigt die Verstorbenen lebensgroß. Als Hinweis auf die Stiftung der Stuttgarter Kirche hält Anna von Liegnitz eine Kirche auf ihrer Brust.

ihre Heimstatt. Nur die imposante Doppeltumba Graf Ulrichs I. und seiner Gemahlin Agnes, ein sarkophagähnliches Hochgrab, sowie das Bronzewappenschild Gräfin Elisabeths sind davon erhalten geblieben. Aus dem Beutelsbacher Grenzstift - so bezeichnet die Forschung Stifte in Grenz- oder Randlage - wurde nun in Stuttgart ein Residenzstift.

Wann fand die Stiftsverlegung statt? Die Angaben frühneuzeitlicher Chronisten reichen von 1301 bis 1328. Eine Mehrheit berichtet, dass eine Messing- oder Holztafel in der Stuttgarter

Grabmal der Markgräfin Elisabeth von Baden und Hachberg, geb. Markgräfin zu Brandenburg (gest. 1518) an der Westwand der Stifterkapelle; ein Engel hält mit hocherhobenen Flügeln das Familienwappen, ein Allianzwappen der Häuser Baden und Brandenburg, vor sich.

Liber pandectarum medicine omnia
medicine simplicia continēs: quem ex om
nibus antiquorum libris aggregauit exi
mius artium & medicine doctor Mathe
us siluaticus ad serenissimum sicilie regē
Robertum.

Achiam .i.castoreum.
Agi .i.ebur.

Die Anwesenheit der Stiftskleriker hatte ganz konkrete Folgen für die Kirche, denn das Patrozinium der Kirche leitet sich von dem Heilig-Kreuz-Stift her. Eines der wenigen Bücher, die sich heute der einstigen Stiftsbibliothek zuordnen lassen, weist an seinem Beginn auf das Patrozinium der Kirche hin.

Stiftskirche angebracht war, auf der zu lesen stand, dass die Beutelsbacher Chorherren am 23./24. Juni 1321 in Stuttgart eingezogen sind. Eine Urkunde Graf Eberhards I., die man gemeinhin als »Verlegungsurkunde« bezeichnet, datiert indes vom 25. Januar des Jahres. In ihr ordnete der Graf nicht etwa die Verlegung des Stifts und die damit verbundene kirchliche Umstrukturierung an, sondern Hauptzweck des Schriftstücks war die Bekanntgabe der neuen Stiftssatzung. Dem Wortlaut nach gehörte die reale Verlegung damals bereits der Vergangenheit an. Eine kuriale Ablassurkunde von 1317, ein päpstliches Schreiben von 1320 und weitere Formulierungen der »Verlegungsurkunde« legen einen Termin vor 1318 nahe. Bereits in einer zum 29. Juni 1314 ausgestellten Urkunde taucht Marquard von Kaltental als Propst der Kirche in Stuttgart (!) auf. Seit dem 31. Juli 1312 war Stuttgart aber in feindlicher Hand. Wird die Verlegung somit schon vor der Eroberung erfolgt sein? Zum jetzigen Zeitpunkt lässt sich das nicht entscheiden. Fest steht nur, dass sich schon deutlich vor Juni 1321 Hinweise auf eine Stiftsverlegung verdichten und dass erste Schritte dazu wohl sogar bereits vor Juli 1312 erfolgten – vielleicht unmittelbar unter dem Eindruck einer Flucht der Beutelsbacher Chorherren in die Stadt, die die kriegerischen Auseinandersetzungen zwischen 1310 und 1312 notwendig gemacht hatten.

Es wäre freilich verfehlt, dem Juni 1321 als »offiziellem« Translationsdatum damit gänzlich die Glaubwürdigkeit abzusprechen. Vielmehr hat man davon auszugehen, dass die Zeitgenossen die vor 1321 liegenden Vorgänge – wohl zu Recht – als Vorstufen auf dem Weg zu dem verstanden, was erst im Juni dieses Jahres durch ein offizielles Ereignis, eine feierliche Prozession der Geistlichkeit in die Stiftskirche, seinen erinnerungswürdigen Abschluss fand. Warum aber der Termin gerade auf den Juni 1321 fiel, könnte ein Fakt erklären, von der die Chronistik nahezu einhellig berichtet: Der uneheliche Grafensohn Ulrich soll auf seine eigenen Kosten den Chor der Kirche errichtet (bzw. den Grabungsbefunden zufolge nach Westen erweitert) und damit den räumlichen Erfordernissen des großen Stiftskapitels Rechnung getragen haben. Ulrichs Biographie beweist, dass es sich bei der gängigen Datierung dieser Baumaßnahmen auf 1289 um einen Irrtum handelt. Bauarbeiten im Jahr 1321 sind aber urkundlich bezeugt, denn Graf Eberhard, das Stift und die Stadt Stuttgart erließen damals eine Amnestie für all diejenigen, die ihnen in den vorangegangenen Kriegen Schaden zugefügt hatten und nun als Sühneleistung den Kirchenbau unterstützten. Als Ulrichs Baumeister mag ein Steinmetz namens Walther fungiert haben.

Er verlängerte den Chor nicht nur auf eine Wandlänge von rund 17 Metern und erhöhte ihn über das Dach des Langhauses, sondern verbreiterte ihn auch nach Süden, so dass die Längsachse des Langhauses nicht mehr wie bisher mit der des Chores identisch war. An einer gleichmäßigen Erweiterung des Chores nach Norden hin hinderte ihn der damals schon begonnene oder zumindest geplante Bau der sich nördlich an den Chor anschließenden Sakristei. Vielleicht waren diese Arbeiten, die bald auch die Erhöhung des Südturms um ein weiteres Geschoss nach sich zogen, zum Juni des Jahres schon so weit gediehen, dass ein offizieller Einzug der Chorherren möglich wurde.

Die Verfassung des Stuttgarter Residenzstifts

Ein Propst, zwölf Chorherren und ebenso viele Vikare sollten fortan als Kleriker dem Stift angehören, wodurch es zu den größeren Stiften der Region zählte. Die Priesterweihe wurde bei ihnen ebenso wie eine pflichtgemäße Erfüllung ihrer jeweiligen Aufgaben und Lebensvorschriften vorausgesetzt. Der Propst stand an der Spitze des Kapitels und hatte diesem gegenüber die Disziplinargewalt und Jurisdiktion. Allein dem Propst und den Chorherren stand der Dienst am Hauptaltar zu. Sämtliche pfarrlichen Pflichten lagen im Kompetenzbereich des ersteren, dem zu diesem Zweck zwei Helfer zur Seite gestellt wurden.

Aus den Reihen der Chorherren sollten ein Kustos, ein Kantor, der zugleich als Schulmeister fungierte, und ein Keller hervorgehen. Desweiteren schrieben die Grafen das Selbstergänzungsrecht des Kapitels fest: Die Chorherren sollten denjenigen, der ihnen als der *erberst und nuotzlichest* erschien, nach dem Mehrheitsprinzip zum Propst wählen. Falls sich keine Mehrheit zugunsten eines Kandidaten abzeichnen würde, sollte die Stimme des Hauses Württemberg den Ausschlag geben. Das gleiche galt für die weiteren Kapitelsämter, die Chorherren und die Vikare. Wie in Beutelsbach wurde die Residenz der Kleriker zur Pflicht erhoben. Als Gewähr für die Erfüllung der den Stiftsgeistlichen zugedachten Aufgaben sah die Herrschaft die solide wirtschaftliche Fundierung des Stifts an: Dem Propst wurden 150, den Kapitelsämtern 40, den einfachen Chorherren 30 und den Vikaren schließlich 20 Pfund Heller an Einkünften zugewiesen. Wie gesagt: Eine Einzelpfründenverwaltung ist in dieser klaren Regelung nicht mehr erkennbar. Die Herrschaft verpflichtete sich zudem, finanziell auszuhelfen, falls diese Einkünfte nicht ausreichen sollten. Parallel garantierten die Grafen die Freiheiten und Rechte des Stifts: Weder die Grafen noch die amtlichen Vertreter der Stadt Stuttgart sollten über das Stift und seinen Besitz *gericht oder gebott* haben. Außerdem wurde es von Steuern und Diensten jedweder Art befreit. Dies waren die Grundlagen, die die weitere Entwicklung des Stifts bis zum Ende des 15. Jahrhunderts prägen sollten.

Laut den Statuten von 1321 hatten die Chorherren täglich die Messe zu feiern und ihr Chorgebet zu verrichten. An den hohen kirchlichen Feiertagen sang der Propst selbst das Hochamt, während er für die übrigen Tage drei Chorherren für die Messfeier und die Lesung von Evangelium und Epistel auserkor. Das Chorgebet setzte sich aus Psalmen, Gebeten sowie Lesungen aus der Bibel zusammen, war verteilt über den ganzen Tag und beinhaltete auch nächtliche Gebetszeiten. Unmittelbar im Anschluss an das frühmorgendliche Chorgebet, das Prim genannt wurde, hatte ein Vikar die Seelmesse zu lesen. Die Qualität des Gottesdienstes sollte dadurch sicher gestellt werden, dass für alle Chorherren und Vikare die Priesterschaft vorgeschrieben war und unentschuldigtes Fernbleiben mit Abmahnung und Stellenverlust geahndet werden sollte. Die Geistlichen hatten sich eidlich zur Einhaltung dieser Bestimmung zu verpflichten. Erst 1481 genehmigte der Papst auf Wunsch von Propst und Chorherren des Stifts die Abschaffung dieses Eids, der dem Wortlaut der betreffenden Urkunde gemäß bisher oft missachtet worden sei. Abgesehen von dieser Nachricht gibt es übrigens keine weiteren Hinweise dafür, dass Gottesdienst und liturgisches Totengedächtnis durch das Stiftskapitel in irgendeiner schwerwiegenden Weise vernachlässigt worden seien. Dies war in unmittelbarer Nähe zur Herrschaft, wie sie in Stuttgart nunmehr gegeben war, wohl auch kaum möglich.

Kehren wir nochmals zur Verlegung zurück: Mit der Verlegung von Stift und Grablege nach Stuttgart war eine Umstrukturierung der kirchlichen Verhältnisse verbunden. Die Beutelsbacher Kirche sowie Stuttgarts bisherige Mutterkirche Altenburg, zu der daneben auch noch die Filialkirchen von Berg und Wangen gehörten, wurden der neuen Stiftskirche eingegliedert, was dem Stift ein solides wirtschaftliches Fundament verschaffte. Allem Anschein nach veranlasste der Graf diesen Schritt zunächst ohne spezielle kirchliche Einwilligung. Sie erfolgte offiziell erst 1323/24.

Aus der Pfarr- und Residenzkirche wird die Hauptkirche Württembergs

Pfarrkirche Stuttgarts und Keimzelle des Stuttgarter Schullebens

Immer wieder wird darauf abgehoben, dass die Stuttgarter Stiftskirche seit den Tagen der Reformation der kirchliche Mittelpunkt des evangelischen Württembergs war, indem von hier aus der Protestantismus ins Land getragen wurde. Dieser Sachverhalt kommt nicht von ungefähr, sondern liegt in der vorreformatorischen Geschichte der Kirche begründet. Denn schon vor 1534 wurde die Stuttgarter Stiftskirche zur Hauptkirche von Herrschaft und Land Württemberg. So nahm sie seit der zweiten Hälfte des 15. Jahrhunderts regelmäßig den ersten und vornehmsten Platz unter den Stiftskirchen des Landes ein, sei es in den Zeugenreihen der Urkunden, bei Verpflichtungen für die Herrschaft, bei Einladungen zu öffentlichen Anlässen, bei Feierlichkeiten und Zeremonien. Der Stiftspropst fungierte folgerichtig – das erscheint im Nachhinein als ein ganz wichtiger Baustein auf dem Weg zu einer eigenen Landeskirche – als eine Art ›Haupt‹ der württembergischen Geistlichkeit. Als solches erlaubte sich Propst Johannes von Westernach, in den sogenannten vorbehaltenen Fällen, in denen sonst allein der Papst oder der Diözesanbischof absolvieren durften, eine Absolution zu erteilen. Dies wiederum veranlasste den Konstanzer Bischof als zuständigen Diözesanoberen zum Einschreiten. Im Jahr 1446 lud er den Propst wegen der aus seinem Blickwinkel unerlaubten Amtsanmaßung vor und verbot der gesamten württembergischen Geistlichkeit, weiterhin von Westernachs Absolutionen Gebrauch zu machen.

Dabei darf nicht vergessen werden, dass die Stiftskirche allein schon im engen Stuttgarter Rahmen eine zentrale Position hatte. Sie fungierte nach der kirchlichen Umstrukturierung im Zuge der Stiftsverlegung bis zum Jahr 1806 als alleinige städtische Pfarrkirche, ihr Propst war neben seinen Leitungsaufgaben im Kapitel mit der pfarrlichen Versorgung der Stadt betraut. Er war der städtische Pfarrer und hatte als solcher Taufen, Trauungen, Bestattungen, Messen und Predigten abzuhalten.

Außerdem spielte das Stift eine anscheinend nicht unwichtige Rolle für das Stuttgarter Schulleben. Hansmartin Decker-Hauff spricht in seiner grundlegenden Geschichte der Stadt Stuttgart im Mittelalter davon, dass hier die »Anfänge des gelehrten Schulwesens« in Stuttgart zu suchen sind. Die Quellen lassen detaillierte Aussagen zur anfänglichen Ausgestaltung dieses Schullebens kaum zu. Man wird es sich wohl so vorzustellen haben, dass der Kantor in seiner Funktion als Stiftsscholaster für die Unterrichtung der jungen Geistlichen verantwortlich war, während ein ihm untergebener Lehrgehilfe die städtische Schule versah. Gegen Ende des 15. Jahrhunderts kam es zwischen der Stadt und dem Stift zur Auseinandersetzung um die Schulhoheit, die die Stadt mit der Schulordnung von 1501 für sich entschied. Derartige Vorgänge lassen sich für die damalige Zeit gemeinhin in der Entwicklung des städtischen Schulwesens nachverfolgen. Gleichwohl blieb der ab diesem Zeitpunkt unzweifelhaft von der Stadt Stuttgart eingesetzte Schulmeister in einem gewissen Abhängigkeitsverhältnis zum Stift.

Eine sich verfestigende Zentralfunktion

Von Anfang an nahm das Heilig-Kreuz-Stift als für lange Zeit einzige Kirchenstiftung und Grablege der Württemberger eine besondere Rolle in ihrem Herrschaftsbereich und in der würt-

Schlussstein aus der Stiftskirche, entstanden wohl um 1480, mit einer Szene aus der Hl.-Kreuz-Legende, heute an der Südwand der Stiftskirche außen eingemauert. Zu sehen sind Kaiserin Helena und ein Begleiter beim Verhör zweier Juden nach Auffindung des Heiligen Kreuzes. Der Legende nach soll Helena das Kreuz Christi aufgefunden haben.

tembergischen Sakrallandschaft ein. Die Grafen förderten diese bewusst und von Anfang an, wie bereits eine Pergamenturkunde vom 20. April 1320 beweist. In ihr gewährte Papst Johannes XXII. den Gläubigen, die in der Kirche zu Altenburg und ihren Filialen

Stuttgart, Berg und Wangen an bestimmten Festtagen und Anlässen zum Gottesdienst weilten, einen Ablass. Und wie es scheint, war diese Ablassurkunde nicht die erste: Wir haben Kenntnis von einer weiteren aus dem Jahr 1317, die allerdings nicht erhalten ist. Der Schluss aus diesem Befund kann nur lauten: Offensichtlich wollte Eberhard I., in dem natürlich der Urheber der Urkunde zu sehen ist, Gläubige vermehrt in diese Kirche und bald insbesondere nach Stuttgart ziehen. Es verweist eindrücklich auf das behutsame, sorgfältig von langer Hand geplante Vorgehen des Grafen, dass er also nicht nur mit einer päpstlichen und bischöflichen Absicherung, einer festen Organisation und klerikalen Aufgabenverteilung sowie einem Kirchenneubau dem neuen Stift zur Dauer verhelfen wollte, sondern auch durch einen vermehrten Zustrom von Gläubigen.

Ablass

Das Kirchenrecht definiert in Canon 992 den Ablass folgendermaßen: »Ablass ist der Nachlass zeitlicher Strafe vor Gott für Sünden, deren Schuld schon getilgt ist; ihn erlangt der entsprechend disponierte Gläubige unter bestimmten festgelegten Voraussetzungen durch die Hilfe der Kirche, die im Dienst an der Erlösung den Schatz der Sühneleistungen Christi und der Heiligen autoritativ verwaltet und zuwendet.« Seit dem 11. Jahrhundert ergänzten Ablässe das kirchliche Bußsystem. Im Glauben, dass Christus und die Heiligen einen Schatz überschüssiger Verdienste erworben hätten, über den die Kirche verfügen könne, erfolgte seit dem 13. Jahrhundert die Vergabe von Ablässen als kirchlichem Heilsangebot, nicht mehr nur gültig für irdische Bußleistungen, sondern auch für die Zeit im Fegefeuer. Unter der Vorbedingung, dass der betreffende Gläubige seine Sünden bereue und sie beichte, wurden Ablassbriefe in der Regel für 40 oder 100 Tage ausgestellt. Der Ablass wurde z. B. für den Besuch einer Kirche oder eines Klosters oder für die Teilnahme an einer Wallfahrt gewährt, die so wiederum materiell gefördert wurden.

Die innerhalb Württembergs zentrale kirchliche Rolle der Stuttgarter Stiftskirche förderten die Grafen bereits in der Mitte des 14. Jahrhunderts dadurch, dass sie ganze Landdekanate zu regelmäßigen Jahrtagen und Sakralhandlungen hierher zogen. Schon damals verbanden sich also in dieser Kirche Land und Herrschaft in einem besonderen Blickwinkel von Vergangenheit und Gegenwart, indem die gräfliche Grablege, die hier ihr sakrales Refugium gefunden hatte und die den Herrschaftsanspruch der Dynastie demonstrierte, den Kirchenbesuchern die Vergangenheit in Erinnerung rief und gleichzeitig durch die Versammlungen der Landdekanate den gegenwärtigen Herrschaftsbereich vor Augen führte. Nicht jeder Kirchenbesucher hatte freilich einen freien Zugang zur herrschaftlichen Grablege, wie ja auch der Blick auf den Hauptaltar im Chor gemäß der mittelalterlichen scharfen Trennung zwischen Klerus und Laien für den gemeinen Gläubigen durch einen Lettner verstellt und nur Propst und Chorherren vergönnt war. Doch war die Herrschaft in der Kirche nicht nur durch die Grabmäler verstorbener Familienmitglieder, sondern auch durch Wappen und andere Herrschaftssymbole präsent, die am Kirchenbau angebracht und allgemein sichtbar waren. So befanden sich etwa die Wappen von Graf Ulrich V. und seiner beiden Gattinnen Margarethe von Cleve sowie Elisabeth von Bayern-Landshut am sogenannten Brauttor. Die Herrschaft Württemberg war so in und an der Kirche gewissermaßen stets und überall gegenwärtig.

Württembergisches Wappen mit den übereinanderliegenden Geweihstangen für Württemberg und den Mömpelgarder Barben hinter der Tumba der Herzogin Johanna Elisabeth, Herzogin in Bayern (gest. 1601), geborene Pfalzgräfin bei Rhein, an der Südseite des Chors.

Repräsentative Baumaßnahmen

Die Erwähnung des Brauttors verweist bereits auf den Stiftskirchenneubau des 15. Jahrhunderts, der die Rolle des Stifts als kirchliches Zentrum des Landes weiter vermehrte und der in einem direkten Zusammenhang mit dem damals von Graf Ulrich V. vorgenommenen repräsentativen Ausbau Stuttgarts stand.

Stadterweiterung unter Ulrich V.

Graf Ulrich V. der Vielgeliebte, der im seit 1440/42 geteilten Württemberg den so genannten Stuttgarter Landesteil regierte, widmete sich intensiv dem repräsentativen Ausbau seiner Residenzstadt. So wurde der Marktplatz großzügig erweitert. Wichtiger noch waren die Ummauerung der Leonhardsvorstadt und die Anlage der Neuen oder auch Reichen Vorstadt, nordwestlich der heutigen Königstraße gelegen. Als geistliches Zentrum dieses Stadtteils wurde dort 1473 ein Dominikanerkloster gegründet, das fortan in einer gewissen Konkurrenz zum Stift stand.

Einen unmittelbaren Anlass zum Neubau mag dabei die von älteren Historiographen angeführte (teilweise) Baufälligkeit des Kirchengebäudes gegeben haben. So soll nach verschiedenen Berichten zu Beginn des 15. Jahrhunderts das Chorgewölbe eingestürzt sein, wobei die dort befindlichen Grabdenkmäler schwer beschädigt wurden. Wahrscheinlich wurde zunächst nur die Chordecke unter der Federführung des Steinmetzen (Hänslin) Jörg wiederhergestellt und ungefähr zeitgleich die Anna- oder Urbanskapelle als spezielle Familienkapelle der Württemberger an das alte Langhaus angebaut. Jörgs Sohn Aberlin zeichnete für den dann in Angriff genommenen Bau der prächtigen spätgoti-

Sternwappen Aberlin Jörgs gehalten von zwei Engeln. – Aberlin Jörg (um 1410–1492) war an verschiedenen bedeutenden württembergischen Sakralbauten beteiligt, etwa an der Heilbronner Kilianskirche, der Schwäbisch Gmünder Heilig-Kreuz-Kirche und an der Markgröninger St. Bartholomäuskirche, wo sich ebenfalls ein Schlussstein mit seinem Wappen findet, aber etwa auch an der steinernen Enzbrücke in Bietigheim, die 1945 von den Alliierten gesprengt wurde.

schen Hallenkirche verantwortlich. Vater und Sohn Jörg sollen sich durch ein seinerzeit an der Westwand der Annenkapelle befindliches Sternenwappen als Baumeister der Kirche verewigt haben. Die ersten Schritte zum Bau der spätgotischen Hallenkirche, die den frühgotischen Chor, wesentliche Teile des Südturms und die gerade erwähnte Annenkapelle integrierte, werden 1432 erkennbar, als der alte, die Kirche umgebende Kirchhof aufgelassen wurde und mehrere Häuser in der Nachbarschaft aufgekauft wurden. Im gleichen Jahr gestattete der Konstanzer Bischof eine Sammlung zugunsten des Baus innerhalb der Diözese und forderte die Diözesangeistlichkeit zur Unterstützung der Sammlung auf. Im Jahr darauf soll Ulrich V. gar eine Steuer erlassen haben, die jeden Bürger Stuttgarts dazu anhielt, selbst zwei halbe Wochentage am Kirchenbau mitzuwirken oder eine Arbeitskraft für die gleichlange Frist zu stellen. 1436 soll dann der Grundstein zum neuen Langhaus gelegt worden sein. An all seinen Außenwänden wurde gleichzeitig mit den Arbeiten begonnen. Erst als man nach etwa zehn Jahren mit der Errichtung der reich profilierten Pfeiler des Mittelschiffs begann, mussten die Wände der alten romanischen Basilika fallen. Bis dahin war der Gottesdienst noch in der alten Kirche gefeiert worden. Bald nach 1445 war die Südseite der neuen Stiftskirche als die dem herrschaftlichen Schloss gegenüberliegende Schauseite fertig gestellt, wie man den am so genannten Brauttor befindlichen Wappen und einer am Sarkophag des Aposteltors angebrachten Jahreszahl entnommen hat. 1456 weihte der Konstanzer Generalvikar neun Altäre in der Stiftskirche, fünf auf der rechten Seite und vier auf der linken. Sie waren 55 Heiligen gewidmet. Diese Altäre scheinen erstmalig in den Seitenschiffen und den neuen Seiten aufgestellt worden zu sein, denn die sonstigen seit 1343 nachweisbaren Altäre waren anderen Heiligen zugewiesen. Bis zum Beginn des 16. Jahrhunderts kamen im übrigen noch mindestens fünf weitere Altäre hinzu, darunter 1515 ein Annen- und 1518 ein Urbanaltar. Jedenfalls steht angesichts der 1456 bezeugten Altarweihe zu vermuten, dass zu diesem Zeitpunkt die sechs Joche des Langhauses eingewölbt waren. Damit wäre der Bau des Langhauses, abgesehen von der Westfassade, im Wesentlichen fertig gewesen.

»Christus mit dem Schutzmantel«, Teil einer spätgotischen Altartafel (entstanden wohl um 1500), einst am Aufgang zur Empore des nördlichen Seitenschiffs neben der St. Anna-Kapelle aufgestellt. – Christus ist hier als Schmerzensmann dargestellt. Die Darstellung eines Schutzmantel-Christus ist sehr selten; üblicherweise ist es Maria, die Mutter Gottes, als Symbol für die Kirche, unter deren ausgebreiteten Mantel die weltlichen und geistlichen Stände der Christenheit (Papst, Kardinal, Kaiser, Ratsherrn, Bürgersleute und Bauern) Schutz suchen.

Vielleicht verbirgt sich dieser Sachverhalt hinter der oftmals berichteten Nachricht, 1460 sei die bis dato hölzerne Stiftskirche in einen Steinbau umgewandelt worden, was, wenn überhaupt, nur für den Dach- und Deckenbereich Glauben verdienen kann. Den Dachstuhl der gotischen Hallenkirche, ein Hängewerkkonstrukt, bezeichnet Adolf DIEHL, der sich der Baugeschichte der Stiftskirche intensiv gewidmet hat, übrigens als ein Meisterwerk. Aberlin Jörg gab dem Mittelschiff der neuen Kirche eine Breite von 7,22 Metern - es war also nur unwesentlich breiter als das der spätromanischen Basilika - und fügte daran jeweils ein Seitenschiff mit fünf Jochen und einer Breite von 5,14 Metern. Daran schlossen sich durch Einzug von Strebepfeilern Seitenkapellen mit einer Tiefe von 2,95 Metern an. Das Gewölbe des Haupt-

schiffs erhielt eine Höhe von 14,4 Metern, die Seitenschiffe und Kapellen waren 9,34 Meter hoch. Infolgedessen erweckte der ganze Innenraum den Eindruck einer fünfschiffigen Hallenkirche. Zwischen Langhaus und Chor wurde auf der Höhe des Südturms um 1430/50 auch ein gotischer Brückenlettner aufgestellt, der sicher einen vorher dort stehenden spätromanischen Lettner ersetzte. Ein Teil seines Figurenschmucks, der offenbar vom gleichen Meister wie die Kanzel in der Tübinger Stiftskirche stammt, ist bis heute erhalten geblieben und wurde nach der Renovierung der Stiftskirche 2003 wieder im Kircheninnenraum als eine Art Fries quer durch die Kirche angebracht. Auf dem Lettner fanden ein Stand für die Grafenfamilie, die seit 1391 bezeugte, vermutlich aber vorher schon vorhandene Orgel sowie Grabdenkmäler füh-

Seite 50 bis 53:

Die Figuren des einstigen gotischen Brückenlettners, heute vor dem Chor rechts: Mariä Verkündigung – Maria und Anna, die Mutter Johannes des Täufers, beide schwanger – Maria und Josef mit dem Jesuskind im Stall zu Bethlehem – Anbetung der Könige – Beschneidung des Kindes im Jerusalemer Tempel

render adeliger Familien wie der Sachsenheim und der Nothafft Platz. Unterhalb des Lettners befand sich im 15. Jahrhundert der Gemeindealtar.

Die Westseite der Kirche, vor allem der hier befindliche Turm, blieb zunächst unvollendet. Nur so erklären sich die zwei Bullen Papst Pius' II. von 1463, in denen er denjenigen, die zwölf Tage am Stiftskirchenneubau mitwirkten oder einen Arbeiter für die gleiche Zeitspanne bezahlten, einen vollkommenen Ablass in Aussicht stellte, wie er sonst nur durch eine Pilgerfahrt nach Rom oder Santiago de Compostela erworben werden konnte. In der ersten Bulle wies Papst Pius II. darauf hin, dass Graf Ulrich V. das Stift bereits mit 15000 Gulden gefördert und allein zum Kirchenneubau 3000 Gulden beigesteuert habe, nun aber wegen

INO

Linke Seite: Eines der schönsten Kunstdenkmäler der Stiftskirche: der betende Ritter (Hermann von Sachsenheim). – Der aus niederem Adel stammende Hermann von Sachsenheim (1430–1508) war u. a. Landhofmeister des württembergischen Grafen und ersten württembergischen Herzogs Eberhard im Bart. Seine Figur, die etwa sieben Jahre vor seinem Tod angefertigt wurde und im Chor zu sehen ist, zeigt ihn in voller Rüstung, aber kniend mit abgenommenem Helm und mit zerfurchter Stirn. In der Stiftskirche befindet sich auch seine Grabplatte, die erst 1886 bei Renovierungsarbeiten wieder gefunden wurde und heute in der Werktagskapelle neben der Turmvorhalle aufgestellt ist.

widriger Umstände - gemeint waren seine Gefangennahme nach der Schlacht von Seckenheim und die darauf folgende Lösegeldzahlung in Höhe von 100 000 Gulden an die Kurpfalz - an einer weiteren tatkräftigen Unterstützung zur Vollendung der Baumaßnahmen gehindert sei.

Ulrich V. in Gefangenschaft

Die politischen Gegensätze zwischen den Wittelsbachern und ihren Parteigängern einerseits und Markgraf Albrecht Achilles von Brandenburg sowie Kaiser Friedrich III. andererseits führten ab 1460 zum bewaffneten Konflikt. In diesem stellte sich Graf Ulrich V. von Württemberg-Stuttgart auf Albrecht Achilles' Seite und erklärte dem Pfalzgrafen Friedrich 1460 die Fehde. Für Ulrich und seinen Landesteil endete der Krieg in einem politischen und finanziellen Debakel. Denn Pfalzgraf Friedrich – der den Beinamen »der Siegreiche« erhielt – besiegte im Juni 1462 Ulrich zusammen mit Markgraf Karl von Baden bei Seckenheim und nahm beide gefangen. Um wieder in Freiheit zu kommen, mussten die Gefangenen hohe Geldsummen bezahlen, was ihre Herrschaftsbereiche und ihre politische Stellung in der Folgezeit stark schwächte. Württemberg-Stuttgart und die Markgrafschaft Baden standen vor dem finanziellen Ruin.

Offensichtlich waren die Baumaßnahmen durch die Finanznot des Grafen ins Stocken geraten. Man nahm aber anscheinend dennoch ihr baldiges Ende an, denn Überschüsse, die man eventuell aus dem Ablass erzielen würde, sollten zum zeitgleichen Neubau der Stuttgarter Leonhardskirche verwendet werden.

Leonhardskirche

Eine Siedlung südöstlich der Stuttgarter Stadtmauer gab es nachweislich seit 1350. 1448 ließ sie Ulrich V. in den Ring der Stadtmauer einbeziehen. Seit 1334 gab es in diesem Bereich auch eine Kapelle. Sie wurde um 1400 erweitert und ab 1460 zur Leonhardskirche ausgebaut. Mit deren Errichtung ging der Stadtausbau der Leonhardsvorstadt zu Ende.

Gleichwohl kamen in der Folgezeit nur kleinere Arbeiten zum Abschluss: 1463/64 erhielt der Südturm sein sechstes Stockwerk, auf dem der städtische Wächter platziert wurde. Er hatte Feuerwache zu halten, die Uhr zu beaufsichtigen sowie die Stunden zu schlagen. Ungefähr zeitgleich mit dem neuen Stockwerk des Turms wurde von Aberlin Jörg wohl der sich an ihn anlehnende Treppenturm gebaut. 1481 erfolgten weitere Arbeiten am Chor. Vielleicht wurde dabei das Fenster auf seiner Südseite eingesetzt. Außerdem kam es zum Umbau der Sakristei: Sie erhielt gotische Fenster und statt eines Rippengewölbes ein Netzgewölbe. Ein Treppentürmchen wurde in der Ecke zwischen Sakristei und Annenkapelle errichtet. Seine beiden Spindeltreppen führten von außen und von der Sakristei in deren Obergeschoss und auf die Empore der Annenkapelle. Diese auch vom Kirchenschiff her über eine schmale Wendeltreppe erreichbare Empore war bereits mit dem gotischen Langhaus erbaut worden, um offensichtlich den »Fremdkörper« der älteren Annenkapelle hinsichtlich ihrer

Die Türme (Südturm links, der mächtige Westturm mit Uhr rechts) der Stiftskirche wurden frühzeitig als markantes Wahrzeichen wahrgenommen; Federzeichnung von Wenzel Hollar, 1628.

Höhe in den Neubau zu integrieren. Der bisher rechteckige Sakristeiabschluss im Osten wurde zudem durch einen chor- bzw. kapellenartigen Anbau erweitert, der sich an den Chorabschluss anlehnte. Im Obergeschoss der Sakristei war übrigens der Kirchenschatz untergebracht und befand sich das Stiftsarchiv: eine mit sechs Schlössern gesicherte Truhe, die die Privilegien und Besitzurkunden des Stifts enthielt.

Die Gründe für den zögerlichen Fortgang des Baubetriebs sind vielfältig: Die gleichzeitige Errichtung der Leonhardskirche, der Tod Ulrichs V., der aus Prestige- und Frömmigkeitsgründen ein maßgeblicher Förderer der Stiftskirche gewesen war, und die sich daran anschließende Regierung des am Kirchenbau anscheinend weniger interessierten Grafen Eberhard des Jüngeren werden hauptsächlich genannt. Ein 1489 vom päpstlichen Nuntius gewährter 100-tägiger Ablass für alle Besucher und Wohltäter des Stifts sowie ein bischöflicher Bettelbrief zum Almosensammeln von 1490 deuten dann eine Wiederaufnahme der Arbeiten im größeren Stil an. Es handelte sich dabei um die Vollendung des gesamten Westwerks mit seinem imposanten Turm, auf den dann der Turmwächter übersiedelte. Seine Errichtung zog sich freilich lange, bis 1531 hin. Auf den Bau eines ursprünglich sicher vorgesehenen Turmhelms wurde dabei aus offensichtlichem Geldmangel verzichtet. Der Geldmangel war nicht zuletzt durch die zunehmende Ausbreitung reformatorischer Ideen in der Stuttgarter Bevölkerung verursacht, was wiederum einen dramatischen Rückgang des Spendenaufkommens nach sich zog. Bereits 1494 war indes die Umrahmung des berühmt gewordenen Aposteltors mit den Statuen Christi und der zwölf Apostel als Vermächtnis Hänslin und Aberlin Jörgs fertig gestellt worden, was die Südseite der Kirche erst recht zur Schauseite machte, und bis 1512 hatte Propst Ludwig Vergenhans die nach ihm benannte Kapelle durch die Verbreiterung der unmittelbar an den Südturm anschließenden Einsatzkapelle um das Doppelte errichten lassen.

Ludwig Vergenhans

Dr. Ludwig Vergenhans, Bruder des bekannten Chronisten und Vertrauten Graf Eberhards im Bart Johannes Vergenhans (*Nauklerus*), war von 1483 bis 1512 Propst des Stuttgarter Stifts und überhaupt einer seiner bedeutendsten Kleriker. Für die Herrschaft Württemberg war er vielfach als Diener und Rat diplomatisch tätig und stieg gar zum württembergischen Kanzler auf. Eberhard der Jüngere zwang ihn 1496 zum Rücktritt, worauf Vergenhans in die Dienste König Maximilians überwechselte. Als solcher war er maßgeblich am Sturz Eberhards des Jünge-

Das im Zweiten Weltkrieg zerstörte Aposteltor, einst Glanzstück der Südfassade. Erhalten sind nur noch die Christusfigur und die Figuren der 12 Apostel, die heute ebenfalls außen an der Stelle der ehemaligen Vergenhans-Kapelle auf neuen Konsolen und mit Baldachinen in ihrer ursprünglichen Anordnung um eine Freikanzel gruppiert sind.

Bildnis des Stiftskirchenpropstes Dr. Ludwig Vergenhans (gest. 1512). Sein Grabmal, das den Verstorbenen im Messgewand zeigt, befindet sich heute im Chor.

ren 1498 beteiligt. Mit bedeutenden Humanisten seiner Zeit wie Marsilio Ficino in Florenz und vor allem Heinrich Bebel pflegte Vergenhans freundschaftlichen Umgang. Bebel widmete Vergenhans seine Komödie »De optimo studio iuvenum – Über das beste Studium der jungen Leute« und verdankte ihm seine Dichterkrönung in Innsbruck zu Pfingsten 1501.

Um nun angesichts des prächtigen Aposteltors als der Gemeindetür und der vorgebauten Wand der Vergenhanskapelle die dazwischen liegende Fürstentür, das so genannte Brauttor, wieder ihrem Rang entsprechend hervorzuheben, setzte man vor diese eine Vorhalle, die als »Käppelin« bezeichnet wurde.

Das mächtige und reich verzierte Kirchengebäude, das dem etwa zeitgleichen Kirchenbau in Urach und in Tübingen als gewisses Vorbild diente und auch so die Leitfunktion der Stuttgarter Stiftskirche manifestierte, leistete in unmittelbarer Nähe zum Stadtschloss als dem weltlichen Herrschaftszentrum Württembergs einen wesentlichen Beitrag zur baulichen Präsentation der Residenz Stuttgart. Dem entsprach die auf die Herrschaft, aber auch auf vermögende Stuttgarter Familien zurückgehende reiche Ausstattung der Stiftskirche in ihrem Innern: Der Innenraum war vermutlich bunt ausgemalt - an der nördlichen Chorwand entdeckte man bei der jüngsten Renovierung hinter den Schlör'schen Standbildern Reste einer in Rot und Blau gehaltenen ornamentalen Wandbemalung - und außer dem Chorgestühl, das wie gesagt durch den Lettner ohnedies dem allgemeinen Blick verwehrt blieb, weitgehend frei von jeglichen Sitzgelegenheiten. Auch Emporen fehlten, so dass die Weiträumigkeit der Schiffe und das Emporstreben der Gewölbe eindrucksvoll zur Geltung kamen. Die Gewölbe fanden spätestens seit 1480 in Schlusssteinen ihren Abschluss, die mit Heiligenbildern und Wappen prächtig verziert waren. Sie sind heute noch zum Teil erhalten und im Kirchenraum verteilt zu sehen. Um 1460/1470 erhielt die Kirche auch ihre spätgotische Kanzel - ein formenreiches, feingliedriges Steinmetzwerk.

Eine Reihe von hochwertig gearbeiteten, sehr unterschiedlichen Themen gewidmeten Schlusssteinen, wie dieser mit dem Bildnis Bischofs Ulrich von Augsburg, zeugen von der reichen Ausstattung der einstigen gotischen Kirche. Der hier gezeigte Schlussstein, der vermutlich zwischen 1433 und 1480 entstand, hatte seinen Platz im Gewölbe der Annakapelle und kündet von der vorreformatorischen Vergangenheit der Kirche mit ihren Heiligen und Kirchenvätern. Bischof Ulrich, der der Namenspatron von Graf Ulrich dem Vielgeliebten, dem Erbauer des Kirchenschiffs, war, ist mit seinem ›Zeichen‹, einem Fisch, dargestellt.

Die »Goldene Kanzel«

Die wohl ursprünglich farbig gefasste »Goldene Kanzel«, die ihren Namen von einem Anstrich mit Goldbronze um 1841 erhalten hatte, wurde im Zweiten Weltkrieg zerstört. Verschiedene Einzelteile der Kanzel, die nach den Zerstörungen geborgen wurden, galten mehrere Jahrzehnte lang als verschollen und wurden erst 1973 in einem Kellergewölbe der Stadtpfarrkirche in Stuttgart-Gaisburg wieder aufgefunden. Lediglich die Brüstungsfelder der Kanzel haben die Kriegsereignisse und Nachkriegswirren überstanden und sind heute wieder am rekonstruierten Kanzelkorb im Chor zu sehen. Der Kanzelfuß, der Aufgang und der Schalldeckel dagegen sind unwiederbringlich verloren.

Die »Goldene Kanzel« mit dem später angebrachten Schalldeckel

Durch ihre Aufstellung wurde die damals wachsende Bedeutung der Predigt innerhalb des allgemeinen Gottesdienstes deutlich: Die Messfeierkirche wurde allmählich zur Predigtkirche. Der 1535 katalogisierte Kirchenschatz war ebenso imposant.

Was 1535 zum Stuttgarter Kirchenschatz zählte

Zum Schatz der Stuttgarter Stiftskirche zählte man 1535 unter anderem: 54 silberne und vergoldete Kelche, eine große silberne und vergoldete sowie zwei kleine Monstranzen, wovon eine mit einem Straußenei versehen war, ein großes silbernes Kreuz mit den Bildnissen von Maria und Johannes, ein großes silbernes Marienbild, ein vergoldetes und mit Perlen besetztes Holzkreuz mit silbernem Fuß, zwei silberne Kreuze, ein kleines silbernes und vergoldetes Kreuz, sieben Kessel und zwei Schalen aus Silber, eine Lade aus Zypressenholz mit elfenbeinernen Bildern, eine silberne Schüssel mit 20 in Silber gefassten Reliquien, 19 Chormäntel aus Samt, Atlas, Damast und Schamlot, 121 Messgewänder mit Goldverzierungen und aus den eben genannten Materialien, des weiteren 78 aus Wolle, 3 Bahrtücher aus Samt, 44 Corporalia, dazu Ornate, Mäntel, Stolen, Binden und Tücher, einen gelbroten Tragehimmel, sechs gestickte Kreuze, Altartücher aus Leinenstoff, 35 Alben, 30 Altarvorhänge, einen langen roten Vorhang, drei Teppiche, acht schwarze Chorlappen mit Pelz, eine große und 40 kleine Messkannen, 46 Messingleuchter, zwei Handschellen, zwei Fahnen, acht Mäntel für Chorschüler, drei Kissen sowie vier Stoffballen. Nichts davon ist erhalten.

Nicht zu vergessen ist das mächtige und den Rang der Kirche akustisch unterstreichende Geläute – bekannt sind ein ursprünglich im Chor befindliches Primglöcklein, ein 1417 gestiftetes Messglöcklein, die wohl eher nicht aus Beutelsbach stammende Torglocke von 1285, die Gallusglocke, eine 1473/74 erwähnte Schlagglocke, die (ihr nachfolgende?) Feuerglocke, das 1498 gegossene Herr-segne-uns-Glöcklein, das vielleicht 1506/07 aufgehängte Silberglöcklein, die Osanna-Glocke und die Salve- oder Heilig-Kreuz-Glocke (1527) sowie schließlich noch die Viertelsglocke. Ab 1460 verfügte die Stiftskirche zudem über eine Uhr am Glockenturm, die 1480/82 durch eine neue ersetzt wurde. Der Westturm erhielt 1530 eine Uhr mit Schlagwerk. Auch im Kircheninnern befand sich seit 1515 eine Uhr, die der Stiftsvikar Johannes Kempf am Lettner hatte anbringen lassen. Ebenso ist bei der Schilderung der reichen Kirchenausstattung natürlich an die zahlreichen Kunstwerke, Bildnisse und Grabdenkmäler zu erinnern, von denen die wenigen Exemplare, die auf uns gekommen sind, wie etwa die der Stiftskleriker Ludwig Vergenhans, Georg Hartsesser, Johannes Erasmus Kempf oder Heinrich Heller, aber auch von Laien wie Hermann von Sachsenheim, ein nach wie vor beeindruckendes Bild vermitteln.

Durch den Kirchenneubau und sein Inventar konnte die Herrschaft Württemberg nach innen und außen ihre Macht und ihren Machtanspruch zur Schau stellen, vor allem indem sie die Kirche in die Ausgestaltung höfischer Feiern und Feste mit einbezog, ja ihr einen zentralen Platz im Zeremoniell einräumte. Erinnert sei in diesem Zusammenhang etwa nur an den Besuch Kaiser Friedrichs III. in Stuttgart im Juni 1473, bei dem auch ein gemeinsamer Gottesdienst in der Residenzkirche gefeiert wurde, die in der Stiftskirche abgehaltenen pompösen Beisetzungsfeierlichkeiten für Graf Ulrich V. oder die glanzvolle Trauung Herzog Ulrichs mit Sabina von Bayern, bei der sich zahlreiche hohe Gäste aus Württemberg und dem Ausland in der Stiftskirche versammelten.

Grabmal des Chorherrn Heinrich Heller (gest. 1502). – Das Grabdenkmal zeigt eine Muttergottes, wie sie in der Apokalypse des Johannes beschrieben wird: Unter einem filigran gearbeiteten Zieraufsatz steht Maria mit einem Strahlenkranz auf einer Mondsichel, ihr Kind auf dem Arm. Der verstorbene Chorherr, dessen Bildnis wohl während der Reformation zerstört wurde, kniet ihr neben der Mondsichel rechts zu Füßen.

Vermehrte Stiftungen

Im 15. Jahrhundert erfolgte auch die Gründung zahlreicher Bruderschaften, die sich in der Stuttgarter Stiftskirche zu bestimmten Terminen versammelten und so auf ihre Weise deren zentrale Sakralrolle verstärkten. Deren erste war die Priesterbruderschaft, die 1419 durch einige Kleriker zum Zweck der Fürbitte für das Seelenheil der verstorbenen Mitglieder und der Christen generell ins Leben gerufen wurde. Jeder Priester sollte innerhalb von 30 Tagen nach dem Tod eines Bruderschaftsmitglieds fünf Seelmessen und fünf Totenoffizien lesen und zudem an der Beisetzung des Betreffenden teilnehmen. Alljährlich versammelten sich die Mitglieder am 31. August zum gemeinsamen Totengedenken mit Seelmesse, Totenoffizium und Mahl. Eine weitere für die Sakralrolle der Stiftskirche ganz entscheidende Vereinigung war die Salve Regina-Bruderschaft. Sie wurde im Jahr 1429 anscheinend unter dem Eindruck einer Epidemie von gräflichen Räten, Teilen des Hofgesindes sowie weiteren Laien und Klerikern mit der Erlaubnis des Stifts und der Zustimmung Graf Ludwigs I. gestiftet und mit einem Grundvermögen von 300 Gulden ausgestattet. Hinzu kamen die jährlichen Mitgliederbeiträge in Höhe von 20 Pfund pro Person. Die Bruderschaft richtete ein tägliches, von Priestern und Chorschülern abzuhaltendes Salve Regina-Singen zur abendlichen Ave Maria-Zeit, die Feier von Vigilien und Seelmessen an den vier Fronfasten sowie ein Amt an jedem Samstag ein. Daneben setzte sie sich zum Ziel, ein Predigtamt und weitere Messpfründen zu stiften. Der Plan, eine spezielle Prädikatur neben den Messen des Stiftskapitels und den Predigten des Propstes bzw. des Stadtpfarrers einzurichten, entsprach den Bedürfnissen der Bevölkerung nach vermehrter Predigt und Seelsorge, was offensichtlich auch mit einem generell steigenden Bildungsniveau in Verbindung stand. Zeitlich gingen dem Vorhaben in der Region nur wenige andere Prädikaturstiftungen voran, so die in Heilbronn im Jahr 1426. Sie steht vermutlich mit den entsprechenden Vorgängen in Stuttgart in einem engen Zusammenhang. Denn ihr wohl erster Inhaber war Johannes Wenck, der auch als Stuttgarter Chorherr bezeugt ist und der den Gedanken an die Schaffung einer Predigerstelle in Stuttgart mit entwickelt haben könnte. Das ist um so wahrscheinlicher, als er mit dem damaligen Stuttgarter Propst Johannes Spenlin eng verbunden war, der sich Zeit seines Lebens um theologische Fragen bemüht zeigte und demnach auch einen regen Anteil an der Prädikaturstiftung genommen haben wird. Wenck lehrte als Theologe an der Heidelberger Universität und predigte als solcher nachweislich am Hof des Pfälzer Kurfürsten. Mit dem Heidelberger Hof ist vielleicht ein weiterer ausschlaggebender Faktor bei der Einrichtung einer Predigerstelle in Stuttgart angeschnitten. In Heidelberg war 1391 auch eine solche gestiftet worden. Die engen Beziehungen, die seit den 1420er Jahren zwischen Kurpfalz und Württemberg bestanden, legen es nahe, dass die Heidelberger Stiftung eine gewisse Vorbildfunktion für die Vorgänge in Stuttgart besaß, zumal als erster Stuttgarter Prediger nicht - wie lange angenommen - der Doktor der Theologie und Wiener Professor Johannes Widmann zum Jahr 1459 begegnet, sondern bereits um 1429/36 Albrecht Cleynmann von Bamberg, der eben Heidelberger Theologe, hier Professor und gar Universitätsrektor war. Die Prädikatur war auch mit dem Wiener Theologieprofessor Georg Tudel sowie dem Leipziger Professor und Doktor der Theologie und des Kanonischen Rechts Werner Wick bis zu dessen Tod im Jahr 1510 durchweg mit hochrangigen Gelehrten besetzt, die auf ihre Weise zum hohen Ansehen der Predigt in Stuttgart und damit zum Ausbau der sakralen Rolle der Stiftskirche beitrugen. Das kommt auch in der schon erwähnten Aufstellung der »Goldenen Kanzel« in der Stiftskirche zum sinnfälligen Ausdruck. Nach dem Tode Wicks geriet die Stiftsprädikatur freilich in den Schatten der 1511 gestifteten Predigerstelle an St. Leonhard. Um eine Verlegung der Stiftsprädikatur handelte es sich dabei nicht. Auch ging sie nicht ein, wie häufig berichtet wird. Denn spätestens ab 1518 begegnet Cyriakus Lor aus Horb als weiterer Stiftsprediger. Lor hatte als Adiutor des Tübinger Pfarrers Martin Plantsch in den Jahren zwischen 1506 und 1509 hinreichend Erfahrung im Predigen gesammelt.

Neben den genannten Gemeinschaften etablierten sich in der Stuttgarter Stiftskirche 1482 auch noch eine Sebastians- und 1518 eine Urbansbruderschaft. 1515 wurde zusätzlich ein Annen-Amt eingerichtet. Auch eine Bruderschaft des Schmiedehandwerks gab sich zum 20. Januar 1455 eine Ordnung, bruderschaftlich organisierte Metzger finden sich spätestens 1470, Schneider und Tuchscherer 1484 in der Stiftskirche. Den weniger vermögenden Handwerkern war durch die Mitgliedschaft in einer solchen Bruderschaft ein Totengedächtnis gesichert. Die Bruderschaften erhöhten wiederum die wichtige Rolle der Stiftskirche innerhalb der kirchlichen Landschaft Württembergs und trugen zur kurz vor 1500 beschleunigten Verdichtung des Stuttgarter Sakrallebens bei, wie sie für das Stiftskapitel selbst 1490 in der Einrichtung eines Dekanats und der Anstellung von vier weiteren Chorknaben neben den schon zuvor bestehenden zwei Chorschülerstellen 1489/90 besonders festmacht werden kann. Im Prinzip übernahm der mit etwa 200 Gulden entlohnte Dekan die kapitelsinternen disziplinarischen und seelsorgerischen Aufgaben, die bislang im Kompetenzbereich des Propstes gelegen hatten. Er war demnach entscheidend verantwortlich für die Ausgestaltung und Einhaltung des geistlichen Lebens im Stift. Erster Inhaber des Dekanats war Dr. Georg Hartsesser, der sich als Mitbegründer des Tübinger Martinianums einen bleibenden Namen machte und dessen imposanter Grabstein heute noch in der Stuttgarter Stiftskirche zu sehen ist.

Nicht zuletzt trugen auch zahlreiche Seelgerät- und Messstiftungen zu einer Erhöhung der sakralen Rolle der Stiftskirche bei.

Grabmal des Stiftsdekans Dr. Georg Hartsesser (gest. 1510). – Das Grabmal, das von Michael Gerum aus *dem Mainzischen* gearbeitet wurde und sich heute an der Westwand der Stifterkapelle befindet, zeigt groß den Namenspatron des Stiftsdekans, den heiligen Georg, wie er einen Speer in den Schlund eines Drachen stößt. An der Grabplatte rechts unten kniet Georg Hartsesser und betet.

Dabei sorgten nicht nur die württembergischen Grafen und ihre Frauen für eine großzügige Vermehrung der Messen und Gottesdienste, sondern auch Stiftsangehörige, Adelige und reiche Bürger. So machten Jakob Walther gen. Kühorn aus Neuhausen, der erst 1455 aus der württembergischen Leibeigenschaft entlassen worden war, und seine Gemahlin Clara Mager u. a. eine Stiftung in Höhe von 1071 Gulden zugunsten des Katharinenhospitals, aus deren Ertrag ihre Jahrzeit in der Stiftskirche von allen 44 bepfründeten Stuttgarter Priestern und zwei Helfern abgehalten und jeden Sonntag Brot von einem Scheffel Roggen an Arme ausgeteilt werden sollten. Überschaut man das Spektrum der Stiftungen insgesamt, offenbart sich hierin der herrschaftsnahe Charakter der Stiftskirche. Fast alle Stifter oder zumindest ihre Familien lassen sich im Umfeld der Württemberger nachweisen.

Stiftskleriker als Diener der Herrschaft

Die zentrale Bedeutung, die die Stiftskirche im spätmittelalterlichen Württemberg spielte, wurde auch durch den an ihr bepfründeten Klerus unterstrichen. Trotz des gegenüber dem Kapitel verbrieften Selbstergänzungsrechts hatten die Grafen seit etwa der Mitte des 15. Jahrhunderts einen entscheidenden Einfluss auf die Pfündenverleihung erlangt. Bei ihrer Kandidatenauswahl gab neben der mehr oder weniger verbindlichen Priesterweihe ein individuell jeweils unterschiedlich ausgeprägtes Kriterienbündel den Ausschlag. Als roter Faden durchziehen dieses Bündel zum einen der Faktor Bildung, zum anderen der Aspekt der sozialen und geographischen Herkunft. Beide Elemente sind maßgeblich für den seit der zweiten Hälfte des 15. Jahrhunderts hohen Grad der Akademisierung und allgemein der Bildung – etliche Stuttgarter Kleriker hatten über das »Normalmaß« hinausgehende gelehrte Interessen, bauten Bibliotheken auf, die in ihrem Umfang heute immer noch beeindrucken, pflegten freundschaftlichen Kontakt zu Humanisten, dichteten und philosophierten – und die gleichzeitig fast vollständige Verdrängung des Niederadels aus dem Stift verantwortlich. An seine Stelle traten vermehrt Angehörige der so genannten württembergischen Ehrbarkeit, also der bürgerlichen Oberschichten. Damit ist auch schon der regionale Zuschnitt des Stifts angesprochen: Die Mehrzahl der Stiftsmitglieder stammte aus Württemberg oder aus dessen unmittelbarer Nachbarschaft.

»Pfründenjäger«, als welche vorreformatorische Geistliche klassischer Weise verrufen sind, bildeten im Stift insgesamt die große Ausnahme. Die Herrschaft bestand weitgehend auf eine Einhaltung der Residenz, die allein die stetige Pflege von Grablege und Memoria garantierte, andererseits aber eine Pfründenkumulation erschwerte. Fast durchweg gehörten die Geistlichen dem Stift über lange Zeiträume an. Das mag auch darauf zurückzuführen sein, dass für sie eine Stuttgarter Stiftspfründe kein Sprungbrett mehr zu einer weiteren Stelle darstellte, sondern schon der Höhepunkt ihrer Karriere war – die Heilig-Kreuz-Kirche war in Württemberg eben einfach die ranghöchste und angesehenste Stiftskirche.

Hier konzentrierte sich vor allem in der zweite Hälfte des 15. Jahrhunderts eine überschaubare klerikale Elite, die sich nur von außen her erneuerte und sich auch wieder auf Führungspositionen in der »Landeskirche« verteilte. Für die Stuttgarter Stiftskirche war es dabei entscheidend, dass mit der Tübinger Universitätsgründung im Jahr 1477 das Sindelfinger Martinsstift als ihr bisheriger »Konkurrent« ausfiel. Infolgedessen nahm die Bedeutung des Stuttgarter Stifts als herrschaftliches Personalreservoir zu. Die Kleriker waren für die Herrschaft vor allem in Rechtsprechung, Diplomatie und Verwaltung aktiv. Durch ihre Einsätze wie durch ihre ebenso nachweisbare Beteiligung an der landesherrlichen Kloster- und Kirchenreform leisteten sie einen wichtigen Beitrag zur Verfestigung und »Modernisierung« der Landesherrschaft und lieferten einen zentralen Baustein zur Schaffung des landesherrlichen Kirchenregiments. Obendrein waren Stuttgarter Geistliche in das höfische Leben eingebunden: durch ihre Verwendung als Erzieher und Lehrer der Grafensöhne, durch ihren Einsatz bei höfischen Feierlichkeiten und durch ihren Beitrag zur Hofkultur als Historiographen, durch ihre geistige Beschäftigung generell und für die Hofmusik, denn einige von ihnen gehörten der herzoglichen Hofkapelle als Sänger und Komponisten an. Die Vielfalt der Dienste und der Sachverhalt, dass in dieser Hinsicht kein anderes württembergisches Stift zahlenmäßig derart stark vertreten war, unterstreichen den exzeptionellen Rang der Stuttgarter Stiftskirche. Doch bleibt die Auflistung herrschaftlicher Dienste unvollständig, wenn sie sich nur auf diese unserer heutigen, säkularen Sichtweise entspringenden Bereiche beschränkt. Die dem Stift von den Württembergern zugedachte Hauptaufgabe war von Anfang an und blieb die Pflege der herrschaftlichen Memoria und die Gewährleistung der steten Fürbitte bei Gott für die Wohlfahrt des Landes und seiner Herrscherfamilie. Jeder Kleriker, der einen solchen Gottesdienst verrichtete, war gleichzeitig auch ein Diener der Herrschaft.

Was bedeutet Memoria?

Wie hat man sich diese Memorialpflege denn nun überhaupt vorzustellen? Im Ausstellungskatalog »Heiliger Raum« wird sie anschaulich beschrieben: »Die Grabdenkmale (der Angehörigen des Hauses Württemberg, O. A.) hatten den Zweck, die Erinnerung an die Verstorbenen lebendig zu halten. Aufgabe der Chorherren war es, des Todestages eines jeden Grafen und einer jeden Gräfin mehrmals im Jahr zu gedenken. Dazu wurden am Vorabend das Bahrtuch mit dem Wappen auf das Grab gelegt, dieses mit Kerzen umstellt und die Vigilien feierlich gehalten. Am Morgen wurde die Seelmesse zelebriert, danach nochmals das Grab aufgesucht. Alle diese Verrichtungen der Chorherren zu liturgischer Memoria, d. h. Gedenken durch Gottesdienst, waren im Jahrzeitbuch des Stifts verzeichnet. Der Grafen wurde aber auch bei den täglichen Messen und beim Chorgebet gedacht (Fürbitte für Lebende und Tote). Alle ihnen gewidmeten Gebete und Messfeiern kamen dem Seelenheil der verstorbenen Grafen zugute und verkürzten ihre Qual im Fegefeuer. Die Nennung des Namens beim Totengedächtnis machte für den mittelalterlichen Menschen den Verstorbenen in den Bezügen seiner Abstammung, seines Standes und seiner früheren Macht gegenwärtig. Diese Präsenz wurde so stark empfunden, dass man geradezu von der ›Gegenwart der Toten‹ im Mittelalter gesprochen hat.« (S. 26)

Das reichste württembergische Stift

Auch im Vermögen des Stifts spiegelt sich sein führender Rang innerhalb der württembergischen Sakrallandschaft wider. Es war nämlich das reichste württembergische Stift. Ablesbar wird seine wirtschaftliche Potenz, die wiederum das Fundament dafür bildete, dass sein Kapitel mit zwölf Chorherren im württembergischen Bereich mit das Größte war, etwa an der Zahl der Inkorporationen, bei denen Stuttgart vor allen anderen Kirchen des Raumes an der Spitze lag. Als ›Inkorporation‹ wird die besitzmäßige Einverleibung einer Kirche in bzw. ihre rechtliche Unterstellung unter eine andere bezeichnet. Diese erhielt dann die aus der Inkorporation erwachsenden Einkünfte, hatte dafür aber im Gegenzug für die geistliche Versorgung der inkorporierten Kirche zu sorgen. Bei Stuttgart handelte es sich neben der Beutelsbacher und Altenburger Kirche samt deren weiteren Filialen Berg und Wangen (1321) um die Kirchen zu Poppenweiler (1347), Aldingen (1398), Pfauhausen und Zuffenhausen (1421), Neckargröningen (1439), Simmozheim und Uffkirch (1446). Gerade wegen des Erwerbs der Kirchen zu Neckargröningen und Uffkirch musste sich das Stift mit dem Vorwurf der Simonie, des Ämterkaufs also, auseinander setzen. 1480 und 1481 kam das Thema nochmals zur Sprache, wobei das Stift von Papst Sixtus IV. Absolution erbat und erhielt. Als nächste Kirche ist die von Neckarrems zu nennen: Im Jahr 1454 trat sie Graf Ulrich V. dem Stift zum Ausgleich für den Schaden ab, den die damaligen Baumaßnahmen in Stuttgart hervorgerufen hatten. Sechs Jahre später erfolgte ihre Inkorporation. 1472 wurde dann die Kirche zu Beinstein inkorporiert. Sie wiederum hatte Graf Ulrich V. als Kompensation für die Einkommenseinbußen geschenkt, die die damalige Stuttgarter Stadterweiterung hervorgerufen hatte. Als ähnlicher Ausgleich war die Schenkung der Kirche in Grunbach gedacht, die 1473 wegen der Stiftung des Dominikanerklosters in Stuttgart erfolgte. 1477 wurde dem Stift die Kirche zu Bonlanden inkorporiert. Außerdem befanden sich die Kirchen von Rohracker, Aichelberg, Stetten und Stammheim sowie die Stuttgarter Leonhardskirche und die Marien- und Liebfrauenkapelle in einem Abhängigkeitsverhältnis zum Stift in Stuttgart.

Ein bedeutender Wirtschaftsfaktor wurde das Stift auch durch eine Vielzahl von Schenkungen und Käufen von Zehnten, von Gerechtsamen, Renten, Zinsen und Gülten sowie von Grundbesitz und Immobilien. Das Stift war dem Quellenbefund nach ein wichtiger Faktor gerade auf dem Stuttgarter Häuser- und Rentenmarkt. Nicht von ungefähr befanden sich wesentliche Bereiche des »Stadtzentrums« im Besitz des Stifts. Die bei den Geschäften verschobenen Summen vermitteln den Eindruck einer zeitweilig ganz beträchtlichen finanziellen und wirtschaftlichen Potenz des Stifts. So zahlte es Graf Eberhard d. J. 1482 für den Frucht- und Weizenzehnten samt Kelter und Kelterrecht zu Beinstein einen Betrag von 2630 Gulden. Doch darf nicht der Eindruck entstehen, als habe das Stift bis zur Reformation Besitz nur angehäuft. Den zahlreichen Käufen stehen auch etliche Verkäufe oder Tauschgeschäfte gegenüber. 1482 etwa verkaufte das Stift an das Kloster Herrenalb Kirchensatz, Kastvogtei und sämtliche damit verbundenen Renten und Gülten zu Simmozheim für 1200 Rheinische Gulden. Gleichwohl ist die Auflistung der Orte beeindruckend, in denen das Stift über Kirchen, Kirchensätze, Zehnten, Gülten und Güter verfügte. Es handelt sich im Einzelnen um 40 Ortschaften.

Wo besaß das Stift Land und Rechte?

Zu den Orten, in denen das Stift Stuttgart über Besitz oder Rechte verfügte, zählten u. a.: Aichelberg, Baach, Baltmannsweiler, Beinstein, Beutelsbach, Cannstatt, Endersbach, Erbach, Geradstetten, Göppingen, Grunbach, Hegenlohe, Heppach, Hohengehren, Korb, Krummhardt, Magstadt, Münchingen, Öffingen, Oßweil, Pfauhausen, Poppenweiler, Röhrenbach, Rohracker, Rommelshausen, Schnait, Schornbach, Stetten, Strümpfelbach, Stuttgart, Waiblingen, Wangen, Weil im Dorf und Zuffenhausen.

Ausdruck der finanziellen Möglichkeiten des Stifts ist natürlich auch sein bereits ausführlich gewürdigter Kirchenschatz.

Seiner Finanz- und Wirtschaftskraft entsprechend führte das Stuttgarter Stift im Vergleich zu den anderen württembergischen Stiften regelmäßig den höchsten Betrag an fälligen Abgaben und Steuern ab. So ist im »Liber taxationis« der Diözese Konstanz zu 1414/18 von einer Summe von 300 Mark die Rede, die an den

Bischofsstuhl zu zahlen waren. Bei Sindelfingen handelte es sich demgegenüber um 170, bei Boll und Denkendorf um jeweils 50 und bei Faurndau sogar nur um 30 Mark. Um ein weiteres beliebiges Beispiel anzuführen: Das Stift Stuttgart machte Herzog Ulrich zur Hochzeit 1511 ein Geschenk in Höhe von 150 Gulden. Zum Vergleich: Die Universität Tübingen und das Stift Backnang schenkten jeweils 100, die Stifte in Sindelfingen und Göppingen lediglich je 20 Gulden.

Mit dem Anbruch des 16. Jahrhunderts mehren sich freilich die Zeichen, die auf ein wachsendes Finanzproblem hindeuten. Auf die Schwierigkeiten, den Kirchenbau zu vollenden, wurde bereits eingegangen. Um ihm dennoch aufzuhelfen, erließ Erzherzog Ferdinand am 30. Juli 1528 die Bestimmung, dass jeder Stuttgarter Kleriker von dem Erstertrag seiner Pfründe einen bestimmten Anteil zum Unterhalt der Kirche und ihres Zierrats sowie zur Unterstützung der Armen Leute - der Armen einer städtischen Gemeinschaft im Unterschied zu Armen von außerhalb wie Vaganten, Zigeuner usw. - zu zahlen habe. Im Jahr 1534 musste das Stift dann 1000 Gulden als Kredit aufnehmen. Die Gründe für die wirtschaftlichen Probleme wird man in der allgemeinen spätmittelalterlichen Agrar- und Finanzkrise, im Finanzgebaren Propst Dietrich Speths, der der Propstei eine drückende Schuldenlast von 3000 Gulden hinterließ, und zu guter Letzt in der Reformation zu sehen haben. Nicht von ungefähr klagte 1527 der Stuttgarter Magistrat, dass das jährliche Opfer seit *aufkommender Dr. Luthers Lehr* nicht über acht bis zehn Pfund Heller betrage, wohingegen früher das Zehnfache angefallen sei.

Krisen und Rückschläge

Das bisher Berichtete erweckt den Eindruck, als sei der Weg der Stuttgarter Stiftskirche zum sakralen Zentrum Württembergs von

Vornherein vorbestimmt gewesen und ohne Hindernisse, Rückschläge und temporäre Brüche erfolgt. Dem war aber durchaus nicht so. So stand die Stellung der Stiftskirche als unangefochtene Residenzkirche und Grablege des Hauses Württemberg spätestens dann zur Disposition, als das Land 1441/42 geteilt wurde und in Urach und in Tübingen weitere wichtige Residenzen mit eigenen Kirchen und Grablegen entstanden. Auch nach der Wiedervereinigung des Landes bestand die Residenzen- und damit auch die Stiftskirchenkonkurrenz fort. Sie fand ihren sinnfälligen Ausdruck etwa darin, dass die württembergischen Herzöge bis 1593 in Tübingen und nicht in Stuttgart bestattet wurden.

Landesteilung und Wiedervereinigung

1441/42 teilten die Söhne Graf Eberhards IV. namens Ulrich V. und Ludwig I. das Land Württemberg unter sich auf. Ulrich erhielt den so genannten Stuttgarter Landesteil mit Stuttgart als Hauptresidenz, während Ludwig in Urach residierte, weswegen sein Landesteil als der Uracher bezeichnet wurde. Erst 40 Jahre später gelang Ludwigs Sohn Eberhard V. im Bart mit Hilfe der württembergischen Ehrbarkeit die Wiedervereinigung des Landes. Der so genannte Münsinger Vertrag von 1482 legte die künftige Unteilbarkeit des Landes fest.

Krisen erfuhr die Stiftskirche auch vonseiten ihrer Schutzherren, den Württembergern selbst. So beabsichtigte Herzog Eberhard II. 1498, das Dekanat, eine sinnvolle Reformmaßnahme seines Vorgängers Eberhard im Bart, wieder zu beseitigen. Das erklärt sich nur über seine seit 1483 andauernde persönliche Auseinandersetzung mit Propst Ludwig Vergenhans, die so weit ging, dass der Herzog diesen ernsthaft an Ratsdiensten für König Maximilian zu hindern trachtete. Anscheinend sollte die Abschaffung des Dekanats den Propst in Stuttgart wieder unentbehrlicher machen und ihn so von dieser Ratstätigkeit abhalten. Maximilian freilich sicherte dem Stift seine Unterstützung gegen einen derartigen Eingriff in das Innenleben des Kapitels zu, und die bald erfolgende Absetzung Eberhards machte die Realisierung seines Planes ohnehin obsolet. In eine noch weit schwierigere Situation brachte Herzog Ulrich das Stift, als er 1513 den jungen Dietrich Speth, den Sohn seines damaligen gleichnamigen Vertrauten, zum Propst und damit auch zum Pfarrer Stuttgarts und gewissermaßen zum Oberhaupt des württembergischen Klerus insgesamt machte. Speth hatte zunächst nicht einmal das erforderliche Mindestalter und bedurfte eines Statthalters. Dann studierte er bis 1521 in Tübingen, Ingolstadt und Freiburg und fiel damit für längere Phasen ganz als Stuttgarter Pfarrer aus. Nicht von ungefähr also kam es, dass sich die Landschaft 1514 über Speths jugendliches Alter beklagte und darum bat, in Zukunft die Seelsorge nicht mehr so jungen und unerfahrenen Personen anzuvertrauen. Als dann schließlich 1527 unter dem Druck nicht zuletzt des eigenen Vaters Speths Resignation als Propst bevorstand, unterbreiteten die Stuttgarter der damaligen Habsburgerregierung den Vorschlag, das Pfarramt von der Stiftspropstei zu trennen. Aus den bisherigen Verhältnissen sei nämlich im ganzen Land Geschrei erwachsen. Das war nach der Ansicht der Antragsteller umso fataler, als Stuttgart für ganz Württemberg eine Vorbildfunktion wahrnahm. *Denn wohin sich Stuttgart geneigt, ist bisher der mehrer Teil des Landes nachgefolgt.* In diesem negativen Kontext offenbart sich einmal mehr die Funktion der Stiftskirche als Hauptkirche Württembergs. Die negativen Erfahrungen der Speth'schen Episode dürften dafür verantwortlich gewesen sein, dass Chorherren und Kapläne dagegen protestierten, als die habsburgische Regierung den Chorherren und zeitweiligen Propst Andreas Amann 1530 mit weltlichen Aufgaben betrauen wollte, was natürlich seinen geistlichen Verpflichtungen abträglich sein musste. Amann sei, so die Geistlichkeit, zur Präsenz mit Singen und Lesen für die Armen Leute in Stuttgart verpflichtet. Das war damals umso dringlicher geboten, als Stuttgart 1530 von einer Seuche heimgesucht wurde. Doch Erzherzog Ferdinand fand die Argumentation der Stiftsgeistlichen wenig überzeugend. Schließlich hatte die Herrschaft stets auf die Dienste der Stuttgarter Geistlichen zurückgegriffen.

Die Habsburger herrschen über Württemberg

1519 griff Herzog Ulrich unter Ausnutzung des vermeintlichen Machtvakuums, das durch den Tod Kaiser Maximilians entstanden war, die Reichsstadt Reutlingen an und versuchte sie seinem Herzogtum einzuverleiben. Doch Reutlingen war Mitglied des Schwäbischen Bundes, dessen Mitglieder Herzog Ulrich nicht wohlgesonnen waren. Der Schwäbische Bund holte zum Gegenschlag aus und vertrieb unter bayerischer Führung Ulrich noch im gleichen Jahr aus Württemberg. Im Jahr darauf wurde das Land unter habsburgische Herrschaft gestellt, die bis 1534 dauerte. Versuche, das Herzogtum Württemberg ganz den österreichischen Erblanden zuzuschlagen, scheiterten durch die Rückeroberung des Landes durch Herzog Ulrich, der dabei von Landgraf Philipp von Hessen unterstützt wurde.

Schwerwiegender war, dass die sakrale Führungsrolle des Stuttgarter Stifts und seiner Kirche im 15. und beginnenden 16. Jahrhundert in Form der Benediktiner Melker und Bursfelder Prägung, der Kartäuser, der Dominikaner, der Brüder vom gemeinsamen Leben sowie der Augustinereremiten in Frage gestellt wurde, die sich mit gräflicher beziehungsweise ab 1495 herzoglicher Unterstützung und Förderung als schlagkräftige kirchliche

Reformkräfte in Württemberg etablierten. Den Dominikanern übereignete Graf Ulrich im Jahr 1473 direkt in Stuttgart ein Kloster. Durch ihre fundierte theologische Ausbildung, die einen hohen Standard der Seelsorge und Predigt gewährleistete, und das in Stuttgart besonders strenge Armutsgebot setzten sie das Stift unweigerlich in Zugzwang und unter Druck. Die Tatsache, dass die Zeiten von Gottesdienst und Predigt der Dominikaner detailliert festgelegt und gegen die des Stifts abgegrenzt wurden und dass das Stift außerdem zur Abfederung der erwarteten Einnahmeausfälle an Opfern und dergleichen Kirche und Kirchensatz zu Grunbach geschenkt erhielt, zeigt, dass beide Institutionen von Anfang an in erbitterter Konkurrenz zueinander standen. Streitigkeiten zwischen Stift und Dominikanerkloster um die Seelsorge in Stuttgart standen nun auf der Tagesordnung. 1511 traten dann die Augustinereremiten auf den Plan, als zu St. Leonhard eine weitere Predigerstelle zusätzlich zu der in der Stiftskirche geschaffen wurde. Das erhöhte den Konkurrenzdruck auf das Stift wiederum. Für den damaligen Autoritätsschwund desselben spricht die Neugründung der Prädikatur Bände: Nicht dem Stift beziehungsweise spezieller der in seiner Kirche angesiedelten Predigerstelle wurde die Fähigkeit zugetraut, in Konkurrenz mit dem Predigerorden treten zu können, sondern den an der Tübinger Universität wirkenden Augustinereremiten. In der Folgezeit sind zwischen dem Stift und dem Prediger zu St. Leonhard Auseinandersetzungen um die Predigtzeiten belegt, in die sich auch die Dominikaner mit ihren eigenen Interessen einschalteten.

Die evangelische Stiftskirche

Der Streit der Konfessionen um die Stiftskirche

Wie der erwähnte Streit zwischen dem Stiftskapitel und der habsburgischen Regierung um die Indienstnahme des Propstes Andreas Amann aus dem Jahr 1530 zeigte, hatte sich das Heilig-Kreuz-Stift zu Beginn des 16. Jahrhunderts - still und leise, möchte man fast sagen - von einem reinen Residenzstift mit den damit verbundenen herrschaftlichen Implikationen zu einem Stadtstift gewandelt, dessen Gottesdienst dem Wohlergehen der Stadt und ihrer Einwohner gewidmet und verpflichtet war. Diese Entwicklung und der sich daraus ergebende Konflikt ist nur vor dem Hintergrund reformatorischer Ideen und Gedanken zu verstehen, die sich damals in Südwestdeutschland und damit auch in Stuttgart Bahn brachen. Bereits 1520 war die Kirche durch einen unklaren Vorgang entweiht worden und musste durch den Konstanzer Weihbischof neu geweiht werden. Vier Jahre später wurde das an der Stiftskirche angeschlagene Wappen des Kardinals Lorenzo Campeggio, der sich mit Erzherzog Ferdinand in der Stadt befand, besudelt. Handelte es sich bei beiden Ereignissen um »Lausbubenstreiche«, wie DECKER-HAUFF fragt, oder schon um Vorboten der Reformation?

Die Reformation stellte tatsächlich den entscheidendsten Rückschlag für das Heilig-Kreuz-Stift dar und führte letztlich sein Ende herbei. Nach seinem Sieg bei Lauffen am Neckar marschierte Herzog Ulrich am 15. Mai 1534 in Stuttgart ein und öffnete am Tag darauf die Stiftskirche für den protestantischen

Gottesdienst. Konrad Oettinger aus Marburg, der das Amt des Hofpredigers Philipps von Hessen inne hatte, hielt die erste reformatorische Predigt in Stuttgart. Kein Jahr später, am 2. Februar 1535 fand dann in der Stiftskirche schon die letzte katholische Messe statt: Nach dem Bericht eines offensichtlich Altgläubigen seien nochmals drei zahlreich besuchte Ämter gefeiert worden, bei denen das Volk viele Lichter und Kerzen entzündet und sehr geweint habe. Ein anderer Zeitzeuge hatte allerdings schon am 21. Januar 1535 geschrieben: Alle Zeremonien und die Messe seien abgetan, und der gesamte Kirchenschatz ins Schloss gebracht. Man glaubt daher, dass die Messe vom Herzog nicht formell zum 2. Februar abgeschafft worden ist, sondern dass an diesem Tag die katholische Geistlichkeit, von der der Großteil seinerzeit von der habsburgischen Regierung mit ihren kirchlichen Ämtern belehnt worden war und daher nun von Ulrich entlassen wurde, ihren Abschiedsgottesdienst feierte. Von den Klerikern indes, die Herzog Ulrich in ihrem Amt beließ, weil er ihnen noch vor seiner Vertreibung eine Pfründe verliehen hatte, war nur ein Bruchteil zum Dienst für die neue Kirche bereit. Die Mehrheit verzichtete bis 1537/38 gegen Verschreibung einer festen Kompetenz, einer Art Pension also, auf ihre Pfründen. An die Stelle der vorreformatorischen 40 Stuttgarter Stiftsherrn, Stiftsvikare, Frühmesser und Kapläne traten jetzt zwei Prädikanten und zwei Diakone.

Doch war die »katholische« oder besser: »altgläubige« Stiftskirchenzeit noch nicht ganz abgelaufen. Der Sieg Kaiser Karls V. über den Schmalkaldischen Bund und das in seiner Folge am 30. Juni 1548 zum Reichsgesetz erhobene Augsburger Interim brachten nach vierzehn Jahren eine merkwürdige Wiederbelebung des Stuttgarter Stifts.

Bereits im August 1548 fand wieder die erste Messe in der Stiftskirche statt. Sie war übrigens die einzige Kirche Stuttgarts, in der die kaiserliche Religionsordnung Einzug hielt – das als ein

Das Interim

Als »Augsburger Interim« oder auch nur als »Interim« (lat. für ›Zwischenzeit‹) bezeichnet man eine Verordnung Kaiser Karls V., mit der er nach seinem Sieg über den Schmalkaldischen Bund seine religionspolitischen Ziele im Heiligen Römischen Reich durchsetzen wollte. 1548 als Reichsgesetz erlassen, sollte das Interim für eine Übergangszeit (daher Interim) die kirchlichen Verhältnisse regeln, bis ein allgemeines Konzil über die Wiedereingliederung der Protestanten in die katholische Kirche endgültig entscheiden würde.

weiterer Fingerzeig auf ihren Stellenwert: Als zentrales Gotteshaus von Stadt und Land kam man anscheinend gar nicht umhin, hier das Interim einzuführen. Doch blieb das Interim – nomen est omen – nur ein Zwischenspiel, eine bis zum Herbst 1552 dauernde Episode. Dem Interimsstift fehlte es an einer eigentlichen Verfassung und Leitung. Der ursprüngliche Plan, die alten Stiftskleriker wieder für den Kirchendienst zu gewinnen, scheiterte im Großen und Ganzen. Neue Geistliche wurden angeworben oder zum Dienst an der Kirche genötigt. Zu keiner Zeit waren aber mehr als neun Kleriker gleichzeitig vorhanden, d. h. die vorreformatorische Zahl der Geistlichen wurde auch nicht annähernd erreicht.

Durch das neue Klerikergremium zog sich der tiefe und unüberwindbare Graben des Religionsstreits, der eine einvernehmliche Abhaltung des Gottesdienstes – obendrein durch bewusste Pflichtversäumnisse der Kleriker erschwert – unmöglich machte. Zu den inneren Problemen traten die Anfeindungen seitens der Stuttgarter Bevölkerung und des an den anderen Kirchen wirkenden protestantischen Klerus. Die so genannten Interimisten wurden etwa als Diener der Abgötterei beschimpft, als Mess- und

Teil des Epitaphs von Johannes Brenz mit dessen Porträt von Jonathan Sautter, 1584. – Das 14 Jahre nach dem Tod des Reformators (1499–1570) entstandene Gemälde ist umrahmt vom Tod mit gespannter Armbrust und dem auferstandenen Christus mit der Kreuzesfahne.

Baalspfaffen, Schelme und Diebe, die man aufhängen solle. Sie fürchteten daher nicht zu Unrecht um ihre Sicherheit und ihr Leben, zumal auch die Regierung erst halbherzig und dann überhaupt nicht mehr zu ihnen stand. So kam es bis zum Sommer des Jahres 1552 zu einem personellen Ausbluten des interimistischen Stifts. Den letzten vier verbliebenen Interimisten wurde am 12. August 1552 die weitere Feier päpstlicher Messen verboten. Damit endete im eigentlichen Sinne die knapp dreihundertjährige Geschichte des Stuttgarter Stifts als klerikaler Institution. Die Stiftskirche wurde nun Wirkstätte von Johannes Brenz, den Herzog Christoph 1553 zum Stiftspropst und Reformator des

Landes berief. Er formulierte den württembergischen Katechismus und ist der eigentliche Vater der Großen Kirchenordnung von 1559, die als wichtiger Baustein für die weitere Entwicklung Württembergs gilt. Auf sein positives Wirken auch für die Stiftskirche weist heute noch sein imposantes Epitaph hin. Sein in Öl gemaltes Porträt wurde 1584 von Jonathan Sautter aus Ulm angefertigt. Während es im Zweiten Weltkrieg erhalten blieb, wurde die übrige Tafel zerstört und musste nach Kriegsende rekonstruiert werden. Nicht ohne Humor wird in dem betreffenden Text unter anderem berichtet, dass Brenz deswegen so nah an der Kanzel bestattet worden sei, damit er aus dem Grab steigen und den Pfarrer der Lüge bezichtigen könne, falls dieser unbiblisch predige.

Doch kehrte der katholische Glauben nochmals in die Mauern der Stiftskirche zurück. Nach der für die protestantische Seite verheerenden Niederlage bei Nördlingen (1634) besetzten nämlich habsburgische Truppen Württemberg, und Jesuiten nahmen *aus wichtigen Ursachen* die Stuttgarter Stiftskirche in ihren Besitz.

Der Dreißigjährige Krieg und seine Folgen

1618 war in Böhmen der Dreißigjährige Krieg ausgebrochen. In seinem Verlauf schaltete sich ab 1630 Schweden in seinem Streben nach Vorherrschaft an der Ostsee in das Kriegsgeschehen ein. 1631 erreichten die Schweden Süddeutschland und übernahmen die militärische Führung der evangelischen Reichsstände des Südwestens. Sie wurden am 6. September 1634 vernichtend von katholisch-kaiserlichen Truppen bei Nördlingen geschlagen. Die kaiserlichen Landsknechte hatten nun freien Zugriff auf Südwestdeutschland. Württemberg wurde besetzt und geplündert, seine Fürsten flohen ins Exil, Teile des Landes fielen an Tirol und sollten rekatholisiert werden. Das katholische Frankreich verbündete sich in der Folgezeit mit Schweden gegen die Habsburger. Südwestdeutschland blieb einer der Hauptkriegsschauplätze.

Die Propstei war zuvor schon an einen kaiserlichen Rat übergeben worden. Die Jesuiten beseitigten sogleich einen Teil des in der Stiftskirche angebrachten Gestühls und ließen mehrere Gräber bzw. Grabdenkmäler protestantischer Geistlicher von ihrem ursprünglichen Standort entfernen und teilweise ganz aus der Kirche schaffen, um an ihrer Stelle Heiligenbilder zu installieren und eigene Mitbrüder zu bestatten. Im Grab von Johannes Brenz unmittelbar bei der Kanzel fand so 1637 auch der Jesuitenpater Eusebius Reeb seine letzte Ruhestätte. Bei den Renovierungsmaßnahmen Anfang dieses Jahrtausends fand man tatsächlich zwei Gebeine in der betreffenden Grabstätte und konnte sie Brenz bzw. Reeb zuordnen. Man beließ es aber im Geist der Ökumene bei dieser gemeinsamen Bestattung.

Im September 1638 gestattete der Kaiser dann nach heftigen Klagen der Stadt und der Intervention des württembergischen Herzogs, dass *das exercitium Augustanae Confessionis* (d. h. die Feier des protestantischen Gottesdienstes) *in bemeldter Stifftskirchen wieder eröffnet werde*. Doch erst im Januar 1649 gaben die Jesuiten die Stuttgarter Stiftskirche endgültig wieder frei.

Neues reicht Altem die Hand: institutionelle und bauliche Veränderungen

An die Stelle des altgläubigen Bekenntnisses trat 1534 mit den gerade dargestellten, kurzen Unterbrechungen der Protestantis-

Brüstungsfeld der »Goldenen Kanzel« mit der ursprünglichen Darstellung des Hl. Hieronymus und seines ikonographischen Begleiters, des Löwen, umgearbeitet in den Evangelisten Lukas, zu erkennen an seinem Symbol, den Stier. Durch die Reformation wurde die Verehrung der Heiligen, Patrone und Kirchenväter abgeschafft. An der Stuttgarter Kanzel wurden die Kirchenväter später so umgearbeitet, dass sie nur noch als Evangelisten zu deuten waren.

Nicht alles wurde freilich zerstört: die Stuttgarter Madonna der St. Barbara-Kirche in Stuttgart-Hofen, eine spätgotische und farbig gefasste Schnitzfigur der Ulmer Schule

mus. Damit verbunden waren verfassungsmäßige und bauliche Veränderungen. Die »Goldene Kanzel« etwa wurde nun bildhauerisch überarbeitet, so dass aus den vier Kirchenvätern, die sich darauf ursprünglich abgebildet fanden, die vier Evangelisten wurden. Zu diesem Zweck entfernte man z. B. die Kopfbedeckungen der betreffenden Gestalten. Das vorreformatorische Inventar musste vielfach weichen. Eine Madonnenfigur mit Christuskind gelangte auf diese Weise ins katholisch gebliebene Hofen, wo sie bis heute in der Barbarakirche als Gnadenbild verehrt wird.

Grabmäler wurden ganz bewusst beschädigt, wie die Grabplatte des Stiftsherrn Heinrich Heller eindeutig zu erkennen gibt, oder gar ganz zerstört. Doch wurde nicht in allem mit der Vergangenheit und Geschichte der Kirche gebrochen. Altes ging vielmehr in mancherlei Beziehung mit Neuem eine fruchtbare Synthese ein.

Die Institution »Stift« hörte auf zu existieren. Sein Besitz wurde dem Kirchenkasten zugeschlagen, bildete dabei aber eine gesondert behandelte Vermögensmasse, die sich bis zum Ende des alten Reiches 1806 in einer eigenen archivalischen Überlieferung niederschlug, der so genannten Stiftsverwaltung. Auch die Bezeichnung »Stiftskirche« blieb, obgleich anachronistisch, gebräuchlich. Die Stiftskirche fungierte weiterhin bis zum Jahre 1806 als einzige Pfarrkirche Stuttgarts. Mehr noch: Bis zum Jahre 1688 ließ man das Amt des Stiftspropsts weiter bestehen. Wie gehabt, war dieser Propst Oberhaupt der städtischen Geistlichkeit und »erster« Pfarrer des Landes Württemberg zugleich. Mitsamt dem Landhofmeister stand er auf der obersten Stufe der württembergischen Kirchenleitung - nach dem Landesherrn. Man hat ihn daher auch als eine Art Landesbischof bezeichnet. Der wohl bedeutendste Inhaber des Amts war der schon genannte Johannes Brenz. Daneben wirkte weiterhin wie schon in vorreformatorischer Zeit ein Stiftsprediger in der Kirche. Matthäus Alber, Wilhelm Bidembach, Lukas Osiander, Jakob Friedrich Spittler oder Sixt Karl Kapff sind hier etwa zu nennen. Der Stiftsprediger - für ihn wurde die Benennung »Prälat« gebräuchlich - übte in der Landeskirche gleichfalls eine leitende Funktion aus, war er doch bis 1911 automatisch Rat des Konsistoriums. Neben Propst und Prediger wirkten schließlich noch zwei Stadtpfarrer bzw. ursprünglich Diakone. Zeitweilig bestanden auch eine Abend- und eine Mittwochspredigerstelle. Letztere wurde erst von den beiden Stiftsdiakonen, dann von Professoren des Stuttgarter Gymnasiums und schließlich von den beiden Stadtvikaren versehen. Durch die Konzentration der Geistlichen und vor allem durch die Rolle von Propst und Prediger/Prälat nahm die Stiftskirche weiterhin die Funktion der ersten Kirche des Landes wahr, die Württembergs Protestanten auch heute noch so begreifen, ging doch von diesem Gotteshaus die Reformation des Herzogtums aus.

Anfangs wurde diese Vorrangstellung noch dadurch unterstrichen, dass die Stiftskirche zugleich als Hofkirche fungierte. Als solche erfuhr sie natürlich eine gewisse Förderung des Hofs, der hier dem Gottesdienst beiwohnte. Haupt des Hofs war der Landesfürst, der gleichzeitig der *summus episcopus*, das Oberhaupt der Landeskirche war. Stellen wir uns die Förderung des Hofs aber nicht zu weitgehend vor! Wie etwa die im 17. Jahrhundert immer wiederkehrenden und mit der Bitte um Ersatz verbundenen Klagen über den Zustand der 1581 erneuerten Stiftsorgel zeigen, die als so durchlöchert und gebrechlich beschrieben wurde, *das khain Organist ... nit mehr Recht darauf schlagen könde, sunder alles durchainander dermassen dissoniert*, hatte die Begünstigung durchaus ihre Grenzen. Im Fall der Orgel sollte es bis 1669 dauern, dass eine neue angeschafft wurde. An ihre Stelle trat dann zwischen 1807 und 1810 die große Orgel aus der Kirche des damals säkularisierten Klosters Zwiefalten, die der württembergische König auf seine Kosten dort abbauen, nach Stuttgart schaffen und hier wieder aufbauen ließ. Um Platz für ihre Aufstellung zu gewinnen, wurde 1811 der gotische Lettner abgebrochen, der bis dahin den Chor vom Langhaus getrennt hatte. Zwischen 1837 und 1845 wurde die Orgel schließlich auf eine neue Empore ans Westende der Kirche verlegt.

Damit sind wir schon von der Organisation zur Ausstattung der protestantischen Kirche gelangt: Das Äußere des Kirchengebäudes stellt einen ganz wesentlichen Faktor der Kontinuität dar, indem es von nun an nahezu unverändert blieb und so erst recht zum baulichen Wahrzeichen Stuttgarts werden konnte. Desto tiefgreifender waren freilich die Veränderungen im Innern: Mit der Reformation verschwanden der Hauptaltar und alle Seitenaltäre aus der Kirche. Sämtliche Heiligenbildnisse wurden am 8. Mai 1535 entfernt. Bald darauf setzte man ein Gestühl in Langhaus und Chor ein und errichtete die Emporen für weitere Gottesdienstbesucher. Auf der Südempore befand sich fortan der Fürstenstand. Noch 1535 ließ Herzog Ulrich auch die fürstlichen Grabsteine, die sich bisher außerhalb der Kirche befunden hatten, in den durch den veränderten Gottesdienst unnötigen Chor bringen. Dort verblieben sie freilich nicht lange. Denn auf Anweisung Herzog Ludwigs wurden sie in die Sakristei geschafft. An ihrer statt ließ Ludwig durch den bedeutenden Schwäbisch Haller Bildhauer Sem Schlör ab 1574 die elf berühmten Grafenstandbilder im Stil der Renaissance im Chor aufstellen. Damit wurde die lange Tradition der Memorialfunktion der Stuttgarter Stiftskirche wieder aufgegriffen - jetzt allerdings in rein säkularer Form zum Zweck der Herrschaftsrepräsentation. Immerhin wurden nur jene Mitglieder des Hauses Württemberg dargestellt, die auch wirklich in der Kirche bestattet waren.

Sem Schlörs elf Grafen

Bei den elf Grafen, die der Schwäbisch Haller Steinmetz Sem Schlör als Ersatz für verloren gegangene Grabsteine arbeitete, handelt es sich um Ulrich I. der Stifter (gest. 1265), Ulrich (gest. 1315) – gemeinsam mit Heinrich von Mömpelgard die einzigen nicht-regierenden Grafen, Eberhard I. den Erlauchten (gest. 1325), Ulrich III. (gest. 1344), Ulrich IV. (gest. 1366), Eberhard II. den Greiner (gest. 1392), seinen Sohn Ulrich (gest. 1388), Eberhard III. den Milden (gest. 1417), Eberhard IV. den Jüngeren (gest. 1419), Ulrich V. den Vielgeliebten (gest. 1480) und Heinrich von Mömpelgard (gest. 1519). Die direkten Vorfahren des Auftraggebers Herzog Ludwig, sein Großvater Herzog Ulrich und sein Vater Herzog Christoph, wie auch der berühmteste aller Herzöge, Eberhard im Bart, fehlen. Sie waren nicht in der Stuttgarter Stiftskirche bestattet, sondern in der Stiftskirche in Tübingen.

Die Grafenstandbilder des Sem Schlör. – Die aus Stein gemeißelten Grafen, die ursprünglich farbig gefasst waren, werden jeweils in ihrer Rüstung gezeigt, ihre Waffen und Amtsattribute sind aus Metall gearbeitet.

Weitere Umgestaltungen bis zum 19. Jahrhundert

Wenige Jahre nachdem die imposanten Grafenstandbilder im Chor aufgestellt worden waren und damit auf ihre Weise an die enge Verbindung des Hauses Württemberg mit der Stiftskirche erinnerten, kehrte man - auch das ein Fingerzeig auf die über die Reformation hinausgreifende Kontinuität der Stiftskirchengeschichte - wieder zur langen Tradition des Gotteshauses als württembergischer Grablege zurück: 1608 war Herzog Friedrich I. überraschend gestorben, ohne Verfügungen über seinen Begräbnisort zu treffen. Der seit 1537 als Bestattungsplatz dienende Tübinger Kirchenchor war aber voll belegt, zudem gehörte Friedrich einer anderen Linie des Hauses an als der in Tübingen bestatteten. So verfiel man auf den Gedanken, ihn in Stuttgart beizusetzen. In der kurzen Zeitspanne von nur 17 Tagen baute man nun unter dem Chor der Stiftskirche eine herrschaftliche Gruft. In sie schaffte man nicht nur den Leichnam Friedrichs, sondern auch die aus Beutelsbach überführten und sonst noch in Stuttgart bestatteten Gebeine württembergischer Grafen. Bald war diese Gruft aber wieder zu klein, so dass man sie 1683 nach Norden erweiterte und eine kleine Gruft unter der Sakristei errichtete. Diese wurde über einen schmalen Gang mit der ersteren verbunden. Bis ins 19. Jahrhundert wurde die Gruft genutzt.

Einen neuen Anstrich erhielt das Kircheninnere in den Jahren 1700/01. Auch schmückte man die Füllungen der Emporen mit Malereien, renovierte den Altar und erweiterte das Gestühl. Diese kleineren Ausbesserungen stellten freilich die tiefgreifenden Veränderungen des 19. Jahrhunderts ganz in den Schatten. Zunächst brach man 1826 das steinerne Chorgewölbe wegen Einsturzgefahr ab und ersetzte es durch ein hölzernes. Daran schloss sich in den Jahren zwischen 1839 und 1843 im Stil der Zeit eine umfassende Neogotisierung der Kirche unter der Leitung Karl

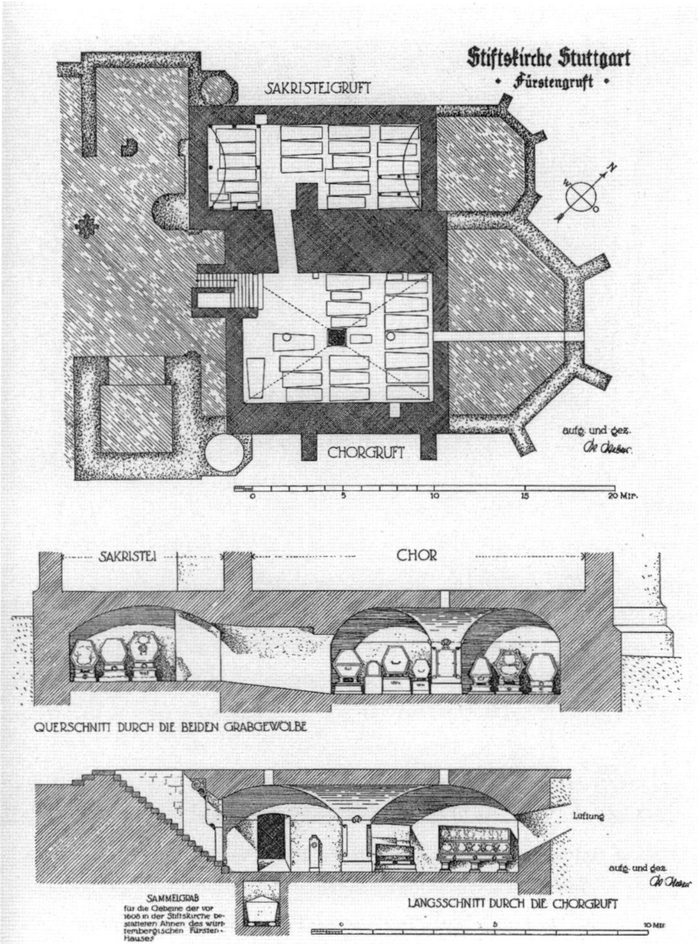

Die Gruftanlage unter dem Chor und der Sakristei. – Die Stuttgarter Stiftskirche wurde für zahlreiche Fürstenbestattungen genutzt; nicht nur Württemberger wurden hier beigesetzt. 99 Bestattungen sind hier nachgewiesen.

Blick in das reich gestaltete neugotische Kirchenschiff, eine dreischiffige Stufenhalle, Richtung Chor, links die »Goldene Kanzel«

Alexander Heideloffs an: Man vergipste das ganze Kircheninnere, tünchte Mauern und Pfeiler mit einer grünlich-grauen Farbe, bemalte und vergoldete teilweise die Deckengewölbe, verlegte neue Bodenplatten, stellte neue Kirchenstühle auf, ersetzte den seit 1605 angebrachten Kanzeldeckel durch einen neuen, vergoldete auch jetzt erst die so genannte »Goldene Kanzel« und entfernte die Malereien an den Emporen zugunsten gotisch durchbrochener Holzgeländer.

Heideloff und die Mittelalterrezeption des 19. Jahrhunderts

Karl Alexander (von) Heideloff war Architekt, Denkmalpfleger, Zeichner und Kunsthistoriker. Sein umfangreiches Werk im »altdeutschen Stil« war wegbereitend für den Historismus und spiegelt facettenreich die romantische Mittelalterrezeption seiner Zeit wider. Besonders bahnbrechend war sein Wirken in Nürnberg, das grundlegend für die romantische Nürnberg-Rezeption im 19. und 20. Jahrhundert wurde. Der neue Altaraufsatz zu St. Sebald, der Dürerbrunnen, das restaurierte Portal der Frauenkirche, der gänzliche Umbau und die Ausstattung der St. Jakobskirche sowie zahlreiche Nürnberger Bürgerhäuser, die er entwarf, sind Zeugnisse seines Strebens nach Wiederbelebung des gotischen Stils. Mit dem 1839 bis 1842 erbauten Schloss Lichtenstein nahe Reutlingen auf der Schwäbischen Alb errichtete Heideloff ein Wahrzeichen der schwäbischen Romantik. Nach seinen Plänen entstanden ab den 1840er Jahren neugotische Sakralbauten u. a. in Schönaich, Mergelstetten, Sonneberg, Ingolstadt, Leipzig, Oschatz, Schlieffenberg und im oberösterreichischen Wels.

Obendrein schaffte man eine große Zahl alter und wohl als unansehnlich begriffener Grabsteine aus der Kirche - ein heute unschätzbarer Quellenverlust. Ungefähr zeitgleich wurde die Orgel - wie gesagt - über dem westlichen Eingang angebracht und nach Heideloffs Zeichnungen mit einem gotischen, vergoldeten Holzgehäuse versehen. Im Zuge der umfangreichen Maßnahmen stiftete König Wilhelm I., der einer der treibenden Faktoren und starken Förderer der Renovierung war, zwischen 1841 und 1852 drei Chorfenster und das Fenster über der Orgel. Sie stellten die Geburt, Kreuzigung und Grablege sowie die Auferstehung Christi bzw. König David dar. Bis 1887 erhielt der Chor dann dank privater und gemeindlicher Initiative drei weitere Fenster, auf denen das Pfingstfest mit den Aposteln Petrus und Paulus, das Jüngste Gericht und zu guter Letzt Glaube, Liebe, Hoffnung und die Anbetung des Lamms zu sehen waren. Kurz vor der Einsetzung des letzten Fensters war 1879 die Orgel erneut verbessert und die zugehörige Empore in den Kirchenraum vorgeschoben worden. Ebenso hatte man zwischen 1879 und 1881 unter der Leitung des Stadtbaurats Karl Wolff die bislang schmucklosen Wände und Gewölbe des Chors bemalt und teilweise an den Rippen und Schlusssteinen vergoldet. Auch ein neues Chorgestühl aus Eichenholz sowie ein kleiner Steinaltar fanden jetzt im Chor ihren Platz. Die Strebepfeiler erhielten einen Schmuck aus Kreuzblumen. Zu den letzten großen Umbaumaßnahmen gehörte schließlich die Entfernung der in den 1850er Jahren eingebauten Gasheizung, an derer statt 1886 eine Dampfheizung installiert wurde.

Ein völliger Neuanfang nach dem Zweiten Weltkrieg

Weitgehende Zerstörung und Wiederaufbau

Neben einer Überholung des Westturms im Jahr 1934 war eine gründliche Erneuerung des Kircheninnern ins Auge gefasst. Zu ihr ist es durch den Ausbruch des Zweiten Weltkriegs nicht gekommen. Im Frühjahr 1944 wurde die Stiftskirche stattdessen erstmalig durch Luftangriffe beschädigt. Das Dach und die Gewölbe der Kirche fielen den Sprengbomben des Luftangriffs vom 25. Juli des selbigen Jahres zum Opfer. Die Kirche brannte völlig aus. Ein letztes tat der Luftangriff vom 13. September 1944: Er vernichtete die bis dahin einigermaßen unversehrte Südwand mit Apostel- und Brauttor sowie einen großen Teil der zum Schutz mit Backsteinen ummauerten »Goldenen Kanzel«. Von dem altehrwürdigen Gebäude stand fast nichts mehr außer den beiden einsturzgefährdeten Türmen, der Nordwand sowie der Wände des Chorbereichs. Die Zerstörungen übertrafen in ihrem Ausmaß die der großen Kirchen in Hannover, München, Nürnberg oder Ulm.

1945: Stuttgart in Trümmern

Die Auswirkungen des Zweiten Weltkriegs waren für Stuttgart verheerend. Nahezu das gesamte historische Erbe der Stadt, Baudenkmäler, aber auch Dokumente, war vernichtet. 4500 Menschen waren im Luftkrieg umgekommen, über 15 000 Ein-

Die zerstörte Stiftskirche, aufgenommen 1946. – Gut zu erkennen
sind die verheerenden Schäden: Die Südseite und das Dach fehlen völlig,
die Kirche ist nur noch ein Torso.

wohner fanden an den Fronten oder in Gefangenschaft den Tod. 1500 Stadtbewohner hatten im Widerstand ihr Leben gelassen, 1000 jüdische Mitbürger waren verschleppt und ermordet worden. Über die Hälfte aller Gebäude war völlig zerstört oder wies starke Beschädigungen auf. Über ein Drittel der ursprünglich 150 000 Wohnungen gab es nicht mehr, ein weiteres Drittel war mehr oder minder stark beschädigt. Bei Kriegsende lebten noch 266 067 Einwohner in der Stadt – so viele wie im Jahr 1910.

Somit stellte sich nach dem Krieg die Frage einer Kirchenerneuerung in weitaus radikalerer Form, als es vor 1939 zur Debatte gestanden hatte. Sollte man die Kirche überhaupt wieder aufbauen oder sollte sie nicht besser in Form einer Ruine als Mahnmal für Krieg und Unrecht dienen, zumal der Stiftskirchengemeinde in der nahen Schlosskirche eine Möglichkeit zum Gottesdienst zur Verfügung stand? Angesichts der Tatsache, dass es sich bei der Stiftskirche um die »erste« Kirche des Landes handelte, erschien dieser ernst gemeinte Vorschlag doch eher abwegig. Sollte die Kirche rekonstruiert werden? Wir haben gesehen, dass jede Epoche der Stiftskirche ihren ganz eigenen Stempel aufdrückte, immer wieder alt und neu miteinander verband. In welche Zeit sollte also die Rekonstruktion zurückführen? Unmittelbar vor 1944, vor Heideloff, ins Spätmittelalter? Auch wurde ins Feld geführt, dass eine völlige Wiederherstellung der reichen Ausstattung zu kostspielig sei, dass aber jede einfachere Lösung gegenüber dem alten Zustand von Vornherein dürftig und unbefriedigend erscheine. Sollte man also einen neuartigen Weg gehen, orientiert an den zeitgemäßen Erfordernissen einer Kirche?

Nach langen, emotional geführten und als Versuch der »Quadratur des Zirkels« empfundenen Diskussionen entschieden sich die Evangelische Gesamtkirchengemeinde und die württembergische Landeskirche 1954, den Wiederaufbau dem Architekten Hans Seytter in die Hände zu legen. Äußerlich sollte im Wesentlichen wieder der altbekannte Baukörper entstehen, ohne dass an eine detailgetreue Wiederherstellung des alten Stils und des gotischen Bauwerks gedacht war. So rückte nun etwa das Aposteltor an die Stelle, an der sich vorher die Vergenhanskapelle befunden hatte. Jürgen Weber schuf hierfür 1958 eine Bronzetür. Für den Chor wählte man ein Gewölbe, das sich an die Spätromanik anlehnte. Deren Konsolsteine an den Gewölberippen wurden 1953 von Ernst Yelin gestaltet. Modern fielen die Chorfenster aus, deren Vorgänger wie alle Glasteile der Kirche im Feuersturm des Zweiten Weltkriegs vernichtet worden waren. Für die neuen Fenster zeichneten die Künstler Wolf-Dieter Kohler, Rudolf Yelin sowie Adolf Saile verantwortlich.

Vollständig neu fiel die Ausführung des Langhauses aus: Man verzichtete auf die bisherige Dreischiffigkeit und wählte eine Einraumlösung, die mit einem flachen Tonnengewölbe aus Holz versehen wurde. An der Süd- und Westseite baute man breite Emporen ein und platzierte eine Orgel der Firma Walcker 1958 wieder am gewissermaßen althergebrachten Standort über dem Haupteingang. Die Entscheidung zugunsten eines zusammenhängenden Predigtraums erntete zahlreiche Kritik: Der Bau gleiche einer Turn- oder Stadthalle. Grundsätzliche Bedenken äußerte die Denkmalpflege: Die Holztonne knüpfe in keiner Weise an die bisherige Baugeschichte an, ziehe den Innenraum in die Breite und führe zu akustischen Problemen. Zwar erklärte sie 1957: *Was dahin ist, ist dahin*, und Denkmalpflege sei nur dort *ehrlich und echt, wo wirklich ein Denkmal vorhanden* sei und andernfalls ein *unwirklicher Spuk*. Doch verurteilte sie die Architektur der neuen Stiftskirche als *pietätlosen Kompromiss* ohne klare Entscheidung zwischen Althergebrachtem und Modernem.

Trotz dieser und anderer Einwände wurde die neue Kirche, deren Vollendung am 1. Juni 1958 gefeiert werden konnte, von

Die Einraumlösung der Nachkriegszeit:
Die spätmittelalterliche Raumstruktur mit ihrem reichen Zierrat
ist einem nüchternen Predigtsaal mit Tonnengewölbe gewichen.

der Kirchengemeinde weitgehend angenommen. Das war sicher dem engen Bezug zwischen Gottesdienstbesuchern und Prediger zu verdanken, den der neue, auf die Kanzel ausgerichtete Raum herstellte. Die Kanzel wurde an einer Säule angebracht, an deren höchstem Punkt sich ein von Fritz von Graevenitz 1957 gestalteter Gerichtsengel befindet. Er wurde durch seine versöhnende Botschaft zu einem neuen Wahrzeichen der Stiftskirche. Untrügliches Zeichen der Akzeptanz des neuen Kirchenbaus war die Tatsache, dass die Stiftskirche zu Württembergs bestbesuchten Kirchen gehörte. Der Gesamteindruck des Innenraums war freilich von den Lichtverhältnissen her ein eher düsterer, den die dunkle, schlichte Holzdecke noch betonte. Sie drückte auf den Raum. Dahinter stand bewusst ein Konzept der Buße – Buße für den durch Deutschland begonnenen Krieg, der seinerseits so fatale Auswirkungen für die Stiftskirche gehabt hatte.

Eine neue ›alte‹ Stiftskirche

Rund 40 Jahre beließ man die Stiftskirche in dem Zustand der 1950er Jahre. Die Stimmen, die sich abfällig über die Baulösung geäußert hatten, verstummten zwar nicht, wurden aber weniger. Das lag sicher auch daran, dass die Stiftskirche in kultureller Hinsicht – z. B. als Ort von Konzerten – im Stuttgarter gesellschaftlichen Leben der Nachkriegszeit eine wichtige Rolle spielte.

Doch mehrten sich seit dem Anfang der 1980er Jahre die Zeichen, dass eine Erneuerung der Kirche nötig wurde. Die Böden, der Wandverputz, die Beleuchtung, die Sanitär- oder Elektroanlagen bedurften der Sanierung, ganz zu schweigen von dem in den Wänden verborgenen gesundheitsschädlichen Asbest. 1993 schrieb die Gesamtkirchengemeinde schließlich einen Architekturwettbewerb aus, den Bernhard Hirche aus Hamburg mit seinem Konzept für sich entschied.

Der Gerichtsengel an der Kanzelsäule mit gesenkter Posaune, die er erst am Tag des jüngsten Gerichts blasen wird, und den Blick zum Kruzifix am Chorbogen gerichtet. – Das Kreuz, zu dem er blickt, wurde während des Krieges 1943 vor der Zerstörung der Stiftskirche von dem Bildhauer Martin Scheible aus Ulm geschaffen und erst nach dem Krieg in der Stiftskirche aufgehängt.

Da Gutachten die Statik der Tonnendecke als Gefahrenpunkt erbracht und ihre Erhaltung als kostspielig herausgestrichen hatten, ohne dass die bestehenden Probleme der Akustik, des Lichteindrucks oder des Brandschutzes befriedigend gelöst seien, verfiel man auf die Idee einer neuen Deckenkonstruktion, die diese Schwachpunkte beseitigen und Anklänge an die gotische Dreischiffigkeit des alten Langhauses in ihre moderne Konzeption aufnehmen würde. Auch sah man unter anderem vor, den Altar weiter in das Langhaus und damit näher zur Gottesdienst feiernden Gemeinde zu rücken, durch eine Öffnung der Vorhalle und eine Neuverglasung der Südfenster zusätzlich zur Decke einen helleren Raumeindruck zu bewirken, durch ein weitgehendes Herausrücken der Orgel aus der Turmstube deren Klang zu verbessern und ein Untergeschoss mit Räumlichkeiten für Einzel- oder Gruppenarbeit und Mitwirkende bei Gottesdiensten und Konzerten zu schaffen.

Diese neuerlichen Planungen stießen wiederum auf ein geteiltes Echo: Während ein Teil der Bürger forderte, nun endlich doch eine möglichst vollständige Rekonstruktion der früheren gotischen Stiftskirche vorzunehmen - dies empfanden nicht nur die Verantwortlichen aber als Rückschritt in gottesdienstlicher Hinsicht -, mahnten andere eine insgesamt kostengünstigere Lösung an und plädierten für einfache Schönheitsreparaturen. Angesichts der generellen Sanierungsnot und der mit dem bisherigen Bau verbundenen Schwierigkeiten empfahl sich aber eine ganzheitliche Lösung. In der Tagespresse wurden teils heftige Diskussionen geführt, die eingebettet waren in den deutschlandweiten Diskurs um die Frage, inwieweit baufällige oder gar ganz zerstörte Gebäude wiederhergestellt werden sollen. Zu denken ist in diesem Zusammenhang an die Dresdener Frauenkirche als sicher bekanntestes Beispiel einer detailgetreuen Rekonstruktion eines im Zweiten Weltkrieg nahezu komplett vernichteten Kirchenbaus oder an den nun vorgesehenen Neubau des Berliner Stadtschlosses als einer gewissen Kompromisslösung. Immer wieder geht es dabei um eine gewisse Sehnsucht nach Vergangenheit, Nostalgie, aber auch um die Auslotung einer zeitgemäßen Nutzbarmachung der Bauwerke.

Auch das Landesdenkmalamt meldete sich wieder zu Wort, da in der Zwischenzeit die Baulichkeiten der fünfziger Jahre einen denkmalschutzwürdigen Charakter gewonnen hatten. Doch anerkennt das Denkmalschutzgesetz des Landes Baden-Württemberg bei aller Betonung der Geschichtlichkeit der Kirchen grundsätzlich auch deren Stellenwert als Mittelpunkt des gegenwärtigen gemeindlichen Lebens und räumt den zeitgemäßen gottesdienstlichen Belangen einen hohen Stellenwert ein. So gelangte man letztlich zu einer mehr oder minder einvernehmlichen Lösung, die von Herbst 1999 bis zum Jahr 2003 realisiert wurde.

Ursprünglich war ein zügig voranschreitender Fortgang der Baumaßnahmen geplant. Doch verzögerte sich die Fertigstellung des Neubaus durch die für Stuttgarts Frühgeschichte so wichtigen archäologischen Funde, die unter Langhaus und Chor zu Tage kamen und einer gründlichen Auswertung durch das Landesdenkmalamt bedurften. Man fand z. B. alemannische Gräber aus dem 7. oder 8. Jahrhundert und Grundmauern eines Kirchenbaus aus dem 10./11. Jahrhundert. Angesichts dessen erfolgte der Bau einer »Unterkirche«, wo die Besucher nun einen Teil der archäologischen Befunde in Augenschein nehmen können. 2003 waren die Arbeiten dann abgeschlossen, und ein zahlreich besuchter Einweihungsgottesdienst konnte in der neuen alten Stiftskirche gefeiert werden. Ihren krönenden Abschluss erfuhren die Baumaßnahmen schließlich 2004 durch den Einbau einer neuen Orgel, die die alte, 1958 eingebaute Orgel - technisch und klanglich nicht mehr zu erhalten - ersetzte. Die neue Orgel gilt als Hauptwerk des Leonberger Orgelbaumeisters Konrad Mühleisen. Sie verfügt über vier Manuale, 5422 Pfeifen in 81 Registern und zusätzlich über einen Zimbelstern, ein Glockenspiel,

Röhrenglocken und »Winddrosseln«. Mit ihr kann polyphone Barockmusik ebenso wie Musik der Romantik des 19. Jahrhunderts oder zeitgenössische Musik gespielt werden.

Wie die Orgel im Kleinen, so verbindet die nunmehrige Stiftskirche im Großen bzw. insgesamt in der für sie schon gewohnten Weise Geschichte und Gegenwart zu einer wertvollen Synthese. Neu – z. B. die Glasfenster und Glasstelen von Bernhard Huber oder Hans Gottfried von Stockhausen, der Altar von Holger Walter oder das moderne blaue Gestühl – wird in dem Kirchenbau eins mit alt, ob es nun, wie der Gerichtsengel samt Kanzel oder die Holzreliefs an der Emporenbrüstung von Karl Hemeter aus den 1950er Jahren stammten oder wie die wieder hervorgeholten bzw. nun als Wandfries angebrachten Lettnerfiguren bzw. die im Chor aufgestellte »Goldene Kanzel« aus dem 15. Jahrhundert. Insbesondere die Innenraumdecke steht für die progressiv und zugleich doch auch behutsam synthetisierende Vorgehensweise bei der Renovierung. Es handelt sich um eine moderne Tragwerkkonstruktion, die das mittelalterliche Gewölbe nicht nachahmen will, aber dank ihrer Helligkeit, Leichtigkeit und Höhe eine ganz ähnliche Raumwirkung zu erzielen vermag. Durch Glassegel wird die frühere Dreischiffigkeit des Kircheninnenraums wieder erkennbar.

Die neue alte Stuttgarter Stiftskirche wird nun den liturgischen und kirchenmusikalischen Ansprüchen der Gegenwart besser gerecht, als es ihre »Vorgängerin« zu tun vermochte. Sie wirkt lichter und höher. Ein Gemeindeglied fasste den Wandel in die Worte: »Aus der Karfreitagskirche wird eine Osterkirche.«

Mittlerweile hat sich die Stuttgarter Stiftskirche zu einem wahren Publikumsmagnet entwickelt. Während neugierige Touristen hineinströmen, um die architektonischen Neuerungen zu bestaunen und den Gesamteindruck des gelungenen Neubaus auf sich wirken zu lassen, kommen andere Passanten vorbei und nutzen in der neu geschaffenen Tageskapelle die Gelegenheit zur Ruhe

Der Innenraum der Stiftskirche
mit seiner seit 2003 völlig neugestalteten Decke

und Meditation mitten im hektisch-lauten Treiben der Stuttgarter Innenstadt. Der Zustrom der Menschen zeigt, dass die Stiftskirche im Stuttgart des 21. Jahrhunderts gut und sicher angekommen ist. Sie wird gewiss auch weiterhin das Wahrzeichen der Stadt bleiben.

Zeittafel

7./ 8. Jh.	Besiedelung des Nesenbachtals durch Alemannen: zwei alemannische Gräber in der Apsis der Stiftskirche
10./11. Jh.	Entstehung einer einschiffigen frühromanischen Kapelle
1245	Eheschließung Graf Ulrichs I. des Stifters mit Mechthild von Baden: Stuttgart wird württembergisch
Mitte 13. Jh.	Errichtung einer dreischiffigen romanischen Basilika in der Umgebung der Burg: untere Geschosse des heutigen Südturms, untere Teile der Nordwand des Chors und sichtbare Fundamente in der Unterkirche
1247	Erste Nennung des Stifts Beutelsbach
1287	Vertrag zwischen Eberhard I. und dem Stiftskapitel: Festlegung der persönlichen Residenz und der Priesterweihe der Stiftsherren
Zwischen 1310 und 1320	Flucht der Chorherren von Beutelsbach nach Stuttgart und Zerstörung der Grablege der Württemberger im Stift Beutelsbach; Erhebung der Stuttgarter Kirche zur ›Stiftskirche‹
1317/20	Ablassurkunden: Gläubige sollen vermehrt nach Stuttgart und zur Stuttgarter Stiftskirche kommen
1320	Offizielle Verlegung des Chorherrenstifts samt Grablege nach Stuttgart und Bestätigung durch päpstliche Bulle
25. 1. 1321	»Verlegungsurkunde« Eberhards I. des Erlauchten mit Stiftssatzung; Stuttgarter Stiftskirche ist die alleinige Pfarrkirche in Stuttgart bis 1806

23./24.6.1321	Feierlicher Einzug der Beutelsbacher Chorherren in die Stuttgarter Stiftskirche
1. Hälfte 14. Jh.	Erweiterung des Chors durch Ulrich von Wirtemberg mit einer Verlängerung nach Osten und einer Verbreiterung in den Süden, die die heute noch sichtbare Asymmetrie zwischen Chor und Schiff zur Folge hat
Vor 1323/24	Umstrukturierung der kirchlichen Verhältnisse: Schaffung eines wirtschaftlichen Fundaments durch die Eingliederung der Kirchen in Beutelsbach, Altenburg, Berg und Wangen; in der Folgezeit Inkorporation weiterer Kirchen
1381	Einbau der ersten Stuttgarter Orgel (gestiftet von Antonia Visconti)
Anfang 15. Jh.	Einsturz des Chorgewölbes und Beschädigung der Grabdenkmäler; bis ins 16. Jahrhundert: Gründung zahlreicher Bruderschaften
1429	Einrichtung einer Predigerstelle, erster Inhaber ist Albrecht Cleynmann
1432	Auflassung des Kirchhofs und Kauf neuer Häuser im Umfeld der Kirche
Ab 1436	Errichtung einer spätgotischen Hallenkirche anstelle der romanischen Basilika mit einer Erweiterung der Kirche und einer Erhöhung des Mittelschiffs durch die Baumeister Hänslin und Aberlin Jörg
1441/42	Landesteilung: Residenzenbau mit eigener Kirche (St. Amandus-Kirche) in Urach
Nach 1445	Fertigstellung der gegenüber dem Schloss gelegenen Südseite (›Schauseite‹ der Kirche)
1446	Vorgehen des Konstanzer Bischofs gegen die Befugnisüberschreitung Propsts Johannes von Westernach bei der Erteilung von Absolutionen
1463	Zwei päpstliche Bullen für einen Generalablass als Gegenleistung für eine Mitwirkung am Stiftskirchenbau

1463/64	Südturm erhält sechstes Stockwerk
1473	Stiftung eines Dominikanerklosters in Stuttgart: Streit um die Seelsorge in der Stadt zwischen Stift und Kloster
1480/81	Bitte um Absolution für Simonie; 1481 päpstliche Genehmigung für die Abschaffung des Eids auf die Stiftssatzung
1489	100-tägiger Ablass für alle Besucher und Wohltäter des Stifts
1490	Einrichtung eines Dekanats, Anstellung vier weiterer Chorknaben; bischöflicher Bettelbrief (Errichtung des Westwerks samt Turm bis 1531 mit Übersiedelung des städtischen Wächters)
1494	Fertigstellung des Aposteltors
1501	»Stuttgarter Schulordnung« bringt den Abschluss der Auseinandersetzungen des Stifts und der Stadt um die Schulhoheit
1511	Einrichtung einer Predigerstelle in St. Leonhard; Augustinereremiten in Stuttgart: Auseinandersetzungen um Predigtzeiten zwischen Stift und Kloster
1513–1527	Dietrich Speth d. J. Propst der Stuttgarter Stiftskirche
1520	Neuweihe der Kirche
1528	Bestimmung über eine Abgabe aus dem Erstertrag einer Pfründe zugunsten der Stiftskirche und der Armen Leute in Stuttgart
1530	Streit um die Übernahme weltlicher Aufgaben durch den Propst Andreas Amann
1534	Aufnahme von 1000 Gulden Kredit
16. 5. 1534	Erste evangelisch-reformatorische Predigt in der Stiftskirche durch Konrad Oettinger aus Marburg: Einführung der Reformation im Herzogtum Württemberg; Errichtung einer Grablege des Hauses Württemberg in der Tübinger Stiftskirche (Belegung bis 1593)

2.2.1535	Letzte katholische Messe
8.5.1535	Entfernung sämtlicher Heiligenbildnisse; in der Folgezeit Veränderungen im Sinne der Reformation mit Beseitigung der Altäre und Errichtung eines Gestühls und Emporen; der Lettner bleibt
Bis 1537/38	Verzicht der Mehrheit der 40 Stiftsherren auf ihre Pfründen
1548–1552	Augsburger Interim: Rekatholisierung und Wiedererrichtung des Stifts; August 1548 erste Messe in der Stiftskirche, die als einzige Stuttgarter Kirche die kaiserliche Religionsordnung mit 9 Stiftsherren übernimmt
1553	Berufung von Johannes Brenz zum Stuttgarter Stiftspropst und Reformator des Landes durch Herzog Christoph
Ab 1574	Errichtung der Grafenstandbilder durch Sem Schlör anstelle der fürstlichen Grabsteine
1605	Anbringung eines Schalldeckels über der Kanzel
1608	Errichtung eines Grabgewölbes nach dem Tod Herzog Friedrichs für die Mitglieder des Hauses Württemberg unter dem Chor (erweitert in Richtung Sakristei 1683, Belegung bis in das 19. Jh.)
1634–1648	Während des Dreißigjährigen Kriegs: Besetzung Württembergs durch habsburgische Truppen nach der Schlacht bei Nördlingen; Inbesitznahme der Stiftskirche durch Jesuiten, 1637 Bestattung des Jesuitenpaters Eusebius Reeb im Grab von Johannes Brenz
Jan. 1649	Endgültiger Abzug der Jesuiten
1688	Abschaffung des Stiftpropstsamts (Oberhaupt der städtischen Geistlichkeit und ›erster‹ Pfarrer Württembergs)
1700/01	Kleinere Renovierungsarbeiten
1807–1810	Einbau der großen Zwiefaltener Klosterorgel im Chor der Kirche

wohl 1811	Abbruch des gotischen Brückenlettners
1826	Ersatz des steinernen Chorgewölbes durch ein hölzernes Gewölbe
1839–1843	Umfassende neugotische Ausgestaltung des Langhauses durch Karl Alexander Heideloff; u. a. ›Vergoldung‹ der gotischen Kanzel (»Goldene Kanzel«), Ausmalung des Chors
1837–1845	Verlegung der Orgel auf die neue Empore an der Westseite
1841–1887	Einbau verschiedener neuer Glasfenster
1850er Jahre	Einbau einer Gasheizung (1886 Dampfheizung)
1879	Erneute Orgelrenovation
1879–1881	Ausmalung des Chors
1934	Überholung des Westturms
Frühjahr 1944	Erste Beschädigung durch Luftangriffe
25. Juli 1944	Zerstörung des Kirchendachs und der Gewölbe, völliges Ausbrennen der Kirche
13. Sept. 1944	Zerstörung der Südwand mit Apostel- und Brauttor und der »Goldenen Kanzel«, nur die Nordwand, die beiden Türme und Reste des Chors bleiben erhalten
1946–1948	Diskussion über den Wiederaufbau der Kirche oder den Erhalt der Ruine als Mahnmal
1953	Wiedereinweihung des Chors für den Gottesdienst
1954–1958	Wiederaufbau des Langhauses nach Entwürfen von Hans Seytter mit dem Einbau eines hölzernen Tonnengewölbes
1. 6. 1958	Feier zur Kirchenvollendung
1999–2003	Renovierung nach Plänen von Bernhard Hirche, Hamburg, mit dem Ziel der Zusammenführung aller Baustufen; Bau einer Unterkirche
2004	Einbau einer neuen Orgel des Leonberger Orgelbaumeisters Konrad Mühleisen

Literaturauswahl

AUGE, Oliver: Stiftsbiographien. Die Kleriker des Stuttgarter Heilig-Kreuz-Stifts (1250–1552) (Schriften zur südwestdeutschen Landeskunde 38), Leinfelden-Echterdingen 2002.

DERS.: Die Prädikatur des Salve Regina in der Stuttgarter Stiftskirche. Zur Geschichte einer Predigerstelle am Vorabend der Reformation, in: Blätter für Württembergische Kirchengeschichte 102 (2002), S. 11–34.

DERS.: Unrichtige Händel der Interimistischen Stiftspersonen? Gedanken zu einer Neubewertung des Interimsklerus anhand des Fallbeispiels Stuttgart, in: Zeitschrift für Kirchengeschichte 114 (2003), S. 72–98.

DERS.: Kongruenz und Konkurrenz: Württembergs Residenzen im Spätmittelalter, in: Peter RÜCKERT (Hrsg.): Der württembergische Hof im 15. Jahrhundert (VKBW B 167), Stuttgart 2006, S. 53–74.

DERS., Zur Rolle der Stuttgarter Stiftskleriker im Württemberg vorreformatorischer Zeit, in: ZWLG 66 (2007), S. 81–112.

BOSSERT, Gustav: Zur Geschichte Stuttgarts in der ersten Hälfte des sechzehnten Jahrhunderts, in: Württembergische Jahrbücher 1914, S. 138–181, 183–243.

BREHM, Karl: Von der Stuttgarter Priesterbruderschaft, in: Württembergische Vierteljahreshefte für Landesgeschichte 23 (1914), S. 355–364.

DECKER-HAUFF, Hansmartin: Geschichte der Stadt Stuttgart, Bd. 1: Von der Frühzeit bis zur Reformation, Stuttgart 1966.

DIEHL, Adolf: Zur Baugeschichte der Stuttgarter Stiftskirche, in: Württembergische Jahrbücher 1936/37, S. 83–101.

Ehmer, Hermann: Kleine Geschichte der Evangelischen Kirche in Württemberg, Leinfelden-Echterdingen 2008.

Friz, Wilhelm: Die Stiftskirche zu Stuttgart, Stuttgart 1929.

Gommel, Gerhard: Die alten Glocken der Stuttgarter Stiftskirche, in: Schwäbische Heimat 22 (1971), S. 104-113.

Klumpp, Martin: Die Stuttgarter Stiftskirche: eine lebendige Geschichte, in: Schwäbische Heimat 39 (1998), S. 24-29.

Ders.: Stiftskirche Stuttgart. Rundgang, Stuttgart ^{2}2006.

Kolb, Christoph: Warum gibt es keinen evangelischen Stiftsprobst mehr?, in: Blätter für Württembergische Kirchengeschichte 5 (1901), S. 70-78.

Ders.: Das Stift in Stuttgart während der Okkupation durch die Jesuiten 1634-1648, in: Blätter für Württembergische Kirchengeschichte 22 (1918), S. 42-109.

Lorenz, Sönke: Stuttgart auf dem Weg zur Landeshauptstadt: Die Residenz der Grafen von Württemberg, in: Vergangenheit als Verantwortung. Otto Borst zum Fünfundsechzigsten (Die Alte Stadt 16,2/3), Stuttgart 1989, S. 302-314.

Ders. / Mertens, Dieter / Press, Volker (Hrsg.): Das Haus Württemberg. Ein biographisches Lexikon, Stuttgart u. a. 1997.

Mack, Christa / Neidiger, Bernhard / Schäfer, Hartmut (Bearb.): Heiliger Raum. Stiftskirche, St. Leonhard und Hospitalkirche im Mittelalter. Begleitheft zur Ausstellung 24. 9. bis 26. 11. 2004, Stuttgart 2004.

Marchal, Guy P.: Was war das Kanonikerinstitut im Mittelalter? Dom- und Kollegiatstifte: Eine Einführung und eine neue Perspektive, in: Revue d'Histoire Ecclésiastique 94 (1999), S. 761-807; 95 (2000), S. 7-53.

Mertens, Dieter: Württemberg, in: Handbuch der Baden-Württembergischen Geschichte, Bd. 2: Die Territorien im alten Reich, Stuttgart 1995, S. 1-163.

Mettler, Adolf: Zur Baugeschichte der Stuttgarter Stiftskirche im 12.-

14. Jahrhundert, in: Blätter für Württembergische Kirchengeschichte 40 (1936), S. 123-139.

Mosapp, Herman: Die Stiftskirche in Stuttgart, Stuttgart 1887.

Neidiger, Bernhard: Kirchliches Leben im spätmittelalterlichen Stuttgart, in: Rottenburger Jahrbuch für Kirchengeschichte 17 (1998), S. 213-228.

[o. V.,] Kirchenbaukunst in der württembergischen Residenz, in: Diözesanarchiv von Schwaben 4 (1887), S. 36-37, 42-43, 50-51, 58-59, 66-67, 93-94; 5 (1888), S. 10-11; 6 (1889), S. 10f.

Pfaff, Karl: Geschichte der Stadt Stuttgart nach Archival-Urkunden und andern bewährten Quellen, Bd. 1: Geschichte der Stadt von den ältesten Zeiten bis zum Jahre 1650, Stuttgart 1845.

Rau, Reinhold: Die Verlegung des Beutelsbacher Stifts nach Stuttgart, in: ZWLG 20 (1961), S. 191-198.

Schäfer, Hartmut: Zur Geschichte der Stuttgarter Stiftskirche, in: Sönke Lorenz / Peter Kurmann / Oliver Auge (Hrsg.): Funktion und Form. Die mittelalterliche Stiftskirche im Spannungsfeld von Kunstgeschichte, Landeskunde und Archäologie (Schriften zur südwestdeutschen Landeskunde 59), Ostfildern 2007, S. 103-110.

Schmidt, Helmut: Das Stuttgarter Chorherrnstift zum Heiligen Kreuz. Ein Beitrag zur schwäbischen Rechtsgeschichte, Diss. iur. masch., Tübingen 1951.

Schmitt, Otto: Das Stuttgarter Aposteltor, in: Zeitschrift für Württembergische Kirchengeschichte 10 (1951), S. 201-208.

Schukraft, Harald: Die Grablegen des Hauses Württemberg, Stuttgart 1989.

Ders.: Wie Stuttgart wurde, was es ist. Ein kleiner Gang durch die Stadtgeschichte, 4., überarb. Aufl., Tübingen 2007.

Sorg, Theo: Die Stiftskirche in Stuttgart, Königstein i. T. o. J.

Wais, Gustav (Hrsg.): Die Stuttgarter Stiftskirche mit einer Baugeschichte von Adolf Diehl, Stuttgart 1952.

Wassner, Manfred: Kleine Geschichte Baden-Württembergs, Stuttgart 2002.

Anhang

Stammtafeln des Hauses Württemberg

Die württembergischen Grafen

Ulrich I. der Stifter gen. mit dem Daumen 1241–1265
* ca. 1226 † 1265 Grablege: Beutelsbach, ab 1321 ***Stiftskirche Stuttgart***
⚭ 1. Mathilde von Baden
⚭ 2. Agnes von Liegnitz

Ulrich II. 1265–1279
* 1253/54 † 1279
Grablege: Einsiedel,
Stiftskirche Stuttgart

Eberhard I. der Erlauchte 1279–1325
* 1265 † 1325
Grablege: ***Stiftskirche Stuttgart***
⚭ vor 1294 Irmgard von Baden

Ulrich III. 1325–1344
* ca. 1292 † 1344
Grablege: ***Stiftskirche Stuttgart***
⚭ 1312 Sophie von Pfirt, † 1334

Ulrich IV. 1344–1362
* 1315 † 1366
Grablege: ***Stiftskirche Stuttgart***
⚭ um 1350 Katharina von Helfenstein

Eberhard II. der Greiner 1344–1392
* 1315 † 1392
Grablege: ***Stiftskirche Stuttgart***
⚭ 1340 Elisabeth von Henneberg-Schleusingen

Ulrich
* 1342 † 1388 in der Schlacht bei Döffingen
Grablege: ***Stiftskirche Stuttgart***
⚭ 1362 Elisabeth von Bayern

Eberhard III. der Milde 1392–1417
* 1364 † 1417 Grablege: ***Stiftskirche Stuttgart***
⚭ 1. 1386 Antonia Visconti
⚭ 2. 1412 Elisabeth von Nürnberg

Eberhard IV. der Jüngere 1417–1419
* 1388 † 1419 Grablege: ***Stiftskirche Stuttgart***
⚭ 1407 Henriette von Mömpelgard

Linie Urach (seit 1441/2)
Ludwig I. 1419/26–1450 * 1412 † 1450
Grablege: Güterstein, ab 1554 Stiftskirche Tübingen
⚭ Mechthild bei Rhein, † 1482

Ludwig II. 1450–1457
* 1439 † 1457
Grablege: Güterstein

Eberhard V./I. im Bart 1457/59–1496
Herzog seit 1495
* 1445 † 1496
Grablege: Einsiedel, ab 1554 Stiftskirche Tübingen
⚭ 1474 Barbara von Mantua

Linie Stuttgart (seit 1441/2)
Ulrich V. der Vielgeliebte 1419/33–1480
* ca. 1413 † 1480 Grablege: ***Stiftskirche Stuttgart***
⚭ 1. 1441 Margarethe von Kleve
⚭ 2. 1445 Elisabeth von Bayern-Landshut
⚭ 3. 1453 Margarethe von Savoyen

↓

Stammtafel der Herzöge

Ulrich V. der Vielgeliebte
Stammtafel der Grafen

Die württembergischen Herzöge

Eberhard V./I. im Bart 1457/59–1496
Herzog seit 1495
* 1445 † 1496 Grablege: Einsiedel, ab 1554 Stiftskirche Tübingen
⚭ 1474 Barbara von Mantua

Eberhard II. 1480–1489, 1496–1498
* 1447 † 1504
Grablege: Heidelberg
⚭ 1467 Elisabeth von Brandenburg

Heinrich (von Mömpelgard)
* 1448 † 1519
Grablege: ***Stiftskirche Stuttgart***
⚭ 1. 1485 Elisabeth von Zweibrücken-Bitsch
⚭ 2. 1488 Eva von Obersalm

Ulrich 1503–1519, 1534–1550
* 1487 † 1550
Grablege: Stiftskirche Tübingen
⚭ 1511 Sabine von Bayern, † 1564

Christoph 1550–1568
* 1515 † 1568 Grablege: Stiftskirche Tübingen
⚭ 1544 Anna Maria von Brandenburg-Bayreuth, † 1589

Ludwig 1568–1593
* 1554 † 1593 Grablege: Stiftskirche Tübingen
⚭ 1. 1575 Dorothea Ursula von Baden-Durlach
⚭ 2. 1585 Ursula von Veldenz

Georg
* 1498 † 1558 Grablege: Stadtkirche Zweibrücken
Statthalter in Mömpelgard
⚭ 1555 Barbara von Hessen

Friedrich I. 1593–1608
* 1557 † 1608
Grablege: ***Stiftskirche Stuttgart***
⚭ 1581 Sibylle von Anhalt

Johann Friedrich 1608–1628
* 1582 † 1628 Grablege: ***Stiftskirche Stuttgart***
⚭ 1609 Barbara Sophie von Brandenburg

Eberhard III. 1628/33–1674
* 1614 † 1674 Grablege: ***Stiftskirche Stuttgart***
⚭ 1. 1637 Anna Dorothea von Salm-Kyrburg
⚭ 2. 1665 Maria Dorothea Sofie von Öttingen

Wilhelm Ludwig 1674–1677
* 1647 † 1677 Grablege: ***Stiftskirche Stuttgart***
⚭ 1673 Magdalena Sibylle von Hessen-Darmstadt

Eberhard Ludwig 1677/93–1733
* 1676 † 1733 Grablege: Schloss Ludwigsburg
⚭ Johanna Elisabeth von Baden-Durlach

Friedrich Karl
Vormund für Eberhard Ludwig 1677–1693
* 1651 † 1698 Grablege: ***Stiftskirche Stuttgart***
⚭ Eleonore Juliane von Brandenburg-Ansbach

Karl Alexander 1733–1737
* 1684 † 1737 Grablege: Schloss Ludwigsburg
⚭ Maria Auguste von Thurn und Taxis

Karl Eugen 1737/44–1793
* 1728 † 1793
Grablege: Schloss Ludwigsburg
⚭ 1. 1748 Friederike von Brandenburg-Bayreuth
⚭ 2. 1785 Franziska von Hohenheim

Ludwig Eugen 1793–1795
* 1731 † 1795
Grablege: Schloss Ludwigsburg
⚭ 1762 Sofie von Beichlingen

Friedrich Eugen 1795–1797
* 1732 † 1797
Grablege: Schloss Ludwigsburg
⚭ 1753 Dorothea von Brandenburg-Schwedt

Friedrich II./I. 1797–1816
1797 Herzog, 1803 Kurfürst, **1805 König**

Stammtafel der Könige ↓

Die württembergischen Könige

Stammtafel der Herzöge ↓

Friedrich II./I. 1797–1816
1797 Herzog, 1803 Kurfürst, 1805 König
* 1754 † 1816
Grablege: Schloss Ludwigsburg
⚭ 1. Auguste von Brandenburg-Wolfenbüttel
⚭ 2. 1797 Charlotte von Großbritannien

Wilhelm I. 1816–1864
* 1781 † 1864 Grablege: Mausoleum Rotenberg
⚭ 1. 1808 (gesch. 1814) Charlotte von Bayern
⚭ 2. 1816 Katharina von Russland
⚭ 3. 1820 Pauline von Württemberg

Karl I. 1864–1891
* 1823 † 1891 Grablege: Altes Schloss Stuttgart
⚭ 1846 Olga von Russland

Paul
* 1785 †1852 Grablege: Schloss Ludwigsburg
⚭ 1805 Charlotte von Sachsen-Hildburghausen

Friedrich
* 1808 † 1870 Grablege: Schloss Ludwigsburg
⚭ 1845 Katharina von Württemberg

Wilhelm II. 1891, verzichtet 1918
* 1848 † 1921
Grablege: Alter Friedhof Ludwigsburg
⚭ 1. 1877 Marie von Waldeck
⚭ 2. 1886 Charlotte von Schaumburg-Lippe

Abbildungsnachweis

Alle Abbildungen in diesem Buch stammen, wenn nicht anders kenntlich gemacht, von der Evangelischen Stiftsgemeinde Stuttgart.

Karl Halbauer, Fellbach: S. 88
Katholisches Pfarramt St. Barbara Stuttgart-Hofen: S. 89
Landeskirchliches Archiv Stuttgart: S. 63
Landesmedienzentrum Baden-Württemberg: S. 100
Ludger Schmidt, Steinenbronn: S. 20/21 (Einträge), 31
Professor Bernhard Hirche, Hamburg: S. 20/21 (Grundrissplan)
Württembergische Landesbibliothek Stuttgart: Einband, S. 35

Der Verlag dankt allen Bildgebern herzlich.

In einigen Fällen konnten die Rechtegeber nicht ermittelt werden. Hier ist der Verlag bereit, nach Anforderung rechtmäßige Ansprüche abzugelten.